✦ 800만 조회수 유튜버 '요알남'의 우리 집 홈스토랑 레시피 ✦

귀차니스트를 위한

혼밥 요리 레시피

강민구('요알남' 유튜브) 지음

BM 황금부엉이

◦ Prologue ◦

최소한의 식재료로
최대한의 만족을 느끼세요

맛있는 한 끼를 먹고 싶은데 현실은 배달 음식인가요?
한 끼를 만들기 위해 식재료를 구입하는 것보다 배달 음식이 더 저렴한가요?
요리를 하고 싶은데 수많은 양념, 향신료, 제철 식재료를 어떻게 사용해야 할지 모르겠다고요?

저도 해외에서 자취할 때, 한국에서 직장 생활을 할 때 겪었던 문제들입니다. 한 끼라도 맛있게 먹고 싶어 장을 보고 요리를 하고 나면, 늘 재료들이 남았습니다. 남은 식재료들은 시들시들해지거나 썩어서 버려지기 일쑤였어요. 그래서 최소한의 재료와 양념을 사용하고, 한 가지 식재료만으로 다양하게 요리하는 방법을 연구하기 시작했습니다. 그러다 보니 자연스럽게 하루에 한 끼는 건강하게 먹게 되었고, 이는 식재료비를 절감하는 결과를 낳았습니다.

저와 같은 고민을 가진 분들을 위해 이 책을 출간하게 되었습니다. 배달 음식에 지쳤다면, 나에게 맞는 식재료와 요리법을 찾아 차근차근 하나씩 시작해보는 건 어떨까요? 식재료를 많이 준비할 필요는 없습니다. 요리가 서툴러도 괜찮습니다. 스스로가 만족하기만 하면 됩니다.

이 책을 보고 나면 여러분은 최소한의 재료를 이용한 최대한의 맛을 느낄 수 있게 될 것입니다. 식재료, 더 이상 낭비하지 마세요. 냉장고 구석에 잠들어 있던 식재료에게 새로운 생명을 불어 넣어주세요. 생각만 해도 설레고 멋지지 않나요? 이제부터 저와 함께 간단하고 맛있는 집밥을 만들어볼까요?

'요리 알려주는 남자' 유튜브 채널 운영자

강민구

◦ 일러두기 ◦
재료 계량법

| 가루류 |

1숟가락
밥숟가락으로 수북이 떠서 볼록한 상태

1/2숟가락
밥숟가락의 절반 정도

1/3숟가락
밥숟가락의 끝 부분만 채울 정도

| 액체류 |

1숟가락
밥숟가락에 가득 담은 상태

1/2숟가락
밥숟가락의 가장자리만 비울 정도

1/3숟가락
밥숟가락의 가운데 부분만 채울 정도

| 장류 |

1숟가락
밥숟가락으로 가득 떠서 위로 약간 볼록하게 올라온 정도

1/2숟가락
밥숟가락의 절반 정도를 차지하면서 약간 볼록하게 올라온 정도

1/3숟가락
밥숟가락의 끝 부분만 채울 정도

| 기타 계량법 |

통후추(그라인더)
가볍게 2~3회 돌린다.

후춧가루
후추통 가운데를 가볍게 2~3회 톡톡 친다.

한 꼬집
엄지와 검지로 살짝 집은 정도

| 없어도 괜찮지만 있으면 더 좋은 소스 |

굴소스
볶음밥과 볶음 요리 등에 넣으면 감칠맛이 살아나요. 굴소스 하나로도 웬만한 맛을 낼 수 있어요.

불닭 소스
빠르고 간편하게 매운 맛을 추가하고 싶을 때 사용하면 좋아요. 고추장이 들어가는 소스에 넣으면 부족한 맛을 채워주는 것은 물론 감칠맛도 나요.

홀그레인 머스터드 소스
드레싱, 핫도그, 샌드위치, 너겟, 육류 요리에 활용하면 좋아요.

멸치액젓
겉절이나 김치의 양념으로 사용하거나 동남아식 요리에 들어가는 피시소스 대신 넣으면 좋아요. 찌개류에 약간 넣으면 깊은 맛과 감칠맛도 느낄 수 있어요.

엑스트라 버진 올리브오일
샐러드드레싱에 넣으면 좋아요. 특유의 향이 있지만 볶음 요리에 활용하면 괜찮아요.

◦ 일러두기 ◦
자주 사용하는 채소 & 양념 보관법

| 양파 |

껍질을 벗기지 않은 양파
1. 껍질을 벗기지 않은 양파를 하나씩 신문지로 감싼다.
2. 신문지로 감싼 양파들을 망주머니에 넣은 후 통풍이 잘 되는 서늘한 곳에 보관한다. 양파망이 없다면 스타킹을 사용해도 된다.

껍질을 벗긴 양파
1. 껍질을 벗긴 양파는 하나씩 랩이나 쿠킹포일로 감싼다.
2. 랩이나 쿠킹포일로 감싼 양파들을 지퍼백에 넣어 냉장 보관한다.

| 감자 |

1. 감자 박스 안에 사과를 함께 넣어두면 보관 기간이 늘어난다.
2. 감자 박스 위에 신문지를 덮고 어둡고 서늘한 곳에 보관한다.

| 마늘 |

1. 껍질을 벗긴 통마늘을 보관할 때는 밀폐용기 바닥에 설탕을 약간 뿌린다. 설탕이 수분을 흡수하여 마늘을 더 오래 보관할 수 있다.
2. 설탕 위에 키친타월을 깐다.
3. 마늘을 올리고 뚜껑을 닫아 냉장 보관한다.
4. 당장 사용하지 않는 다진 마늘은 지퍼백에 나누어 담아 냉동 보관한다.

| 대파 |

1. 대파 뿌리를 제거하고 지저분한 부분은 정리한다.
2. 손질한 대파를 지퍼백 크기에 맞게 자른 후 키친타월로 감싼다.
3. 손질한 대파들을 지퍼백에 담아 냉장 보관한다.

| 고춧가루 | | 고추장 | | 된장 |

바로 먹을 고춧가루는 밀폐 용기에 담아 냉장 보관하고, 필요할 때마다 꺼내서 사용한다. 이때 뚜껑에 습기 제거제를 붙여주면 더 좋다. 장기간 보관하는 고춧가루는 지퍼백에 담아 공기를 제거하고 냉동 보관한다.

고추장은 밀폐 용기에 담아 냉장 보관한다.

된장은 밀폐 용기에 담아 냉장 보관한다. 이때 된장의 수분이 증발하는 것을 막기 위해 빈틈없이 꾹꾹 눌러 담는 것이 좋다.

목차

Prologue	003
재료 계량법	004
자주 사용하는 채소 & 양념 보관법	006

집밥 메뉴

콩나물제육볶음 … 012	새송이버섯간장조림 … 030	콩나물무침 … 048
마늘종돼지고기볶음 … 014	양배추조림 … 032	가지무침 … 050
양배추소시지볶음 … 016	우엉조림 … 034	오이고추장무침 … 052
두반장소시지볶음 … 018	돼지고기된장구이 … 036	중국식오이무침 … 054
가지간장볶음 … 020	두부스팸구이 … 038	주키니무침 … 056
양파고추장볶음 … 022	미나리달걀말이 … 040	풋고추된장무침 … 058
양송이버섯마늘볶음 … 024	양상추겉절이 … 042	달래양념장 … 060
돼지고기사과조림 … 026	부추겉절이 … 044	닭가슴살고추장 … 062
콩나물두부조림 … 028	쑥겉절이 … 046	

한 그릇 찌개/찜

참치김치찌개 … 066	돈가스김치전골 … 072	바지락술찜 … 078
훈제오리김치찌개 … 068	만두짜글이 … 074	돼지고기수육 … 080
돼지고기짜글이 … 070	돼지고기김치찜 … 076	

한 그릇 메뉴

콩나물돼지고기덮밥 … 084	가지덮밥 … 096	두반장볶음밥 … 108
표고버섯덮밥 … 086	베이컨숙주덮밥 … 098	부추참치볶음밥 … 110
차슈덮밥 … 088	미나리두부밥 … 100	문어볶음밥 … 112
간장양념돼지고기덮밥 … 090	쑥밥 … 102	육포주먹밥 … 114
두반장돼지고기덮밥 … 092	참치버터달걀밥 … 104	꼬막비빔밥 … 116
닭가슴살달걀덮밥 … 094	돼지고기쌈장볶음밥 … 106	

분식 메뉴

베이글에그인헬 …………… 120	두부전 …………………… 146	깻잎튀김 ………………… 172
아보카도샌드위치 ………… 122	깻잎말이전 ……………… 148	우엉튀김 ………………… 174
달걀감자샌드위치 ………… 124	감자채전 ………………… 150	바나나튀김 ……………… 176
풋고추국수 ………………… 126	마전 ……………………… 152	옥수수튀김 ……………… 178
단무지국수 ………………… 128	주키니전 ………………… 154	샐러리잎튀김 …………… 180
김치비빔국수 ……………… 130	동그랑땡 ………………… 156	꼬막튀김 ………………… 182
간장비빔국수 ……………… 132	달걀만두 ………………… 158	닭근위튀김 ……………… 184
당면간장조림 ……………… 134	만두부침개 ……………… 160	두부가스 ………………… 186
두반장김밥 ………………… 136	간장버터옥수수구이 …… 162	간장두부강정 …………… 188
간장버터떡볶이 …………… 138	단호박버터구이 ………… 164	코코넛밀크치킨 ………… 190
감자떡 ……………………… 140	허브감자구이 …………… 166	허니콤보맛치킨 ………… 192
무떡 ………………………… 142	마구이 …………………… 168	인도네시아식치킨 ……… 194
어묵전 ……………………… 144	어묵튀김 ………………… 170	

인스턴트 활용 메뉴

짜장컵라면볶음밥 198	불닭볶음사천짜장 204	가다랑어포라면 210
콩나물라면 200	짬뽕볶음라면 206	
숙주참치라면 202	토마토라면 208	

다이어트 메뉴

당근샐러드 ………………… 214	두부채소샐러드 ………… 224	두부들깨구이 …………… 234
무샐러드 …………………… 216	건두부샐러드 …………… 226	실곤약비빔국수 ………… 236
숙주샐러드 ………………… 218	토마토달걀볶음 ………… 228	발사믹식초
샐러리샐러드 ……………… 220	훈제오리달걀볶음 ……… 230	닭가슴살스테이크 ……… 238
연근샐러드 ………………… 222	두부스프 ………………… 232	

○ 집밥 메뉴 ○

"매일 먹어도 맛나"

흔한 집밥 레시피지만 막상 요리할 때 기억 안 나서
못 해 먹지 않도록 레시피 저장!

콩나물제육볶음 미나리달걀말이
마늘종돼지고기볶음 양상추겉절이
양배추소시지볶음 부추겉절이
두반장소시지볶음 쑥겉절이
가지간장볶음 콩나물무침
양파고추장볶음 가지무침
양송이버섯마늘볶음 오이고추장무침
돼지고기사과조림 중국식오이무침
콩나물두부조림 주키니무침
새송이버섯간장조림 풋고추된장무침
양배추조림 달래양념장
우엉조림 닭가슴살고추장
돼지고기된장구이
두부스팸구이

Recipe

콩나물 제육볶음

아삭함과 쫄깃함을
한 접시에 담았다

Ingredient

삼겹살 600g　　　양파 1개
콩나물 350g　　　대파 1/2개
깻잎 10장　　　　마늘 2쪽

Seasoning

고춧가루 5　　　간장 5
설탕 3　　　　　후춧가루 약간
고추장 5　　　　다진 마늘 약간
맛술 5

Step. 01

깻잎을 약간 두껍게 채 썬다. 양파는 채 썰고 대파는 어슷 썬다. 삼겹살에 고춧가루 5, 설탕 3, 고추장 5, 맛술 5, 간장 5, 후춧가루 약간, 다진 마늘 약간을 넣고 양념한다.

Step. 02

+ 콩나물에서 물이 나오기 때문에 물을 넣지 않아도 돼요.

냄비에 콩나물을 깔고 그 위에 양념한 돼지고기와 양파, 대파를 올린다.

Step. 03

+ 마지막에 참기름 또는 깨소금을 넣어서 드세요.

처음에는 중불로 끓이다가 콩나물에서 물이 나오면 센 불로 끓인다. 마지막에 깻잎을 올린다.

Recipe

마늘종 돼지고기볶음

집에서 만들어 먹는
고급 중식의 맛

Ingredient

마늘종 150g	고추기름 3
다진 돼지고기 200g	다진 마늘 1
홍고추 1개	소금·후춧가루 약간
대파 1/2개	맛술 1

Seasoning

| 두반장 2 | 설탕 1 |
| 굴소스 1 | 청주 2 |

Step. 01 마늘종을 0.5cm 크기로 송송 썬다.

Step. 02 홍고추와 대파도 송송 썬다.

Step. 03 다진 돼지고기에 소금 1꼬집, 후춧가루 약간, 맛술을 넣어 밑간한다.

Step. 04 두반장 2, 굴소스 1, 설탕 1, 청주 2를 넣어 양념을 만든다.

Step. 05 팬에 고추기름 3, 다진 마늘 1, 홍고추, 대파를 넣는다. 매운 향이 날 때까지 약불로 볶다가 *Step. 03* 의 돼지고기를 넣고 볶는다.

Step. 06 고기가 익으면 준비한 양념을 넣고 센 불로 볶는다.

+ 매운 맛을 원한다면 청양고추를 넣으세요.

Recipe

양배추 소시지볶음

아삭하고 짭조름한
한 끼 반찬

Ingredient

| 양배추 150g | 식용유 |
| 소시지 60g | |

Seasoning

간장 1	맛술 1
굴소스 1	설탕 1/3
올리고당 1	다진 마늘 1/2

Step. 01 양배추를 5cm 크기의 사각 모양으로 자른다. 소시지는 2cm 두께로 어슷 썬다.

Step. 02 간장 1, 굴소스 1, 올리고당 1, 맛술 1, 설탕 1/3, 다진 마늘 1/2을 넣어 양념을 만든다.

Step. 03 팬에 식용유 2를 두르고 소시지를 중불로 볶다가 양배추와 양념을 넣고 볶는다.

Recipe

두반장 소시지볶음

두반장으로 느끼함을 잡아
더 맛있다

Ingredient

프랑크 소시지 100g   다진 마늘 1/2
양파 1/4개   식용유
고춧가루 1

Seasoning

두반장 1   케첩 1
굴소스 1/2   설탕 1

Step. 01 소시지는 2~3cm 두께로 어슷 썰고 양파는 사각으로 자른다.

Step. 02 두반장 1, 설탕 1, 케첩 1, 굴소스 1/2을 넣어 양념을 만든다.

Step. 03 팬에 식용유 3을 두른 후 고춧가루 1, 다진 마늘 1/2을 넣고 약불로 볶는다. 고추기름이 만들어지면 소시지, 양파, *Step. 02* 의 양념을 넣고 중불로 볶는다.

Recipe

가지 간장볶음

여름철에 어울리는
보랏빛 푸드

Ingredient

가지 1개　　　소금 약간
대파 1/2개　　식용유
다진 마늘 1

Seasoning

간장 2　　　설탕 1
맛술 1　　　참기름

Step. 01 가지를 세로로 자른 후 2~3cm 크기로 잘라 소금 2~3꼬집을 뿌려 밑간한다. 대파는 어슷 썬다.

Step. 02 간장 2, 맛술 1, 설탕 1, 다진 마늘 1, 참기름 약간을 넣고 양념을 만든다.

Step. 03 달군 팬에 식용유 2를 두르고 대파와 가지를 센 불로 볶는다. 가지가 절반가량 익으면 *Step. 02* 의 양념을 넣고 중불로 볶은 후 마지막에 참기름을 넣는다.

Recipe

양파 고추장볶음

양파만으로도
요리가 된다

Ingredient

| 양파 2개 | 식용유 |
| 대파 1/2개 | |

Seasoning

간장 1	고춧가루 1
굴소스 1/2	고추장 1
물엿 1	후춧가루 약간

Step. 01   양파를 0.5~1cm 두께로 채 썬다. 대파를 송송 썬다.

Step. 02   간장 1, 굴소스 1/2, 물엿 1, 고춧가루 1, 고추장 1, 후춧가루 약간을 넣어 양념을 만든다.

Step. 03   달군 팬에 식용유 2를 두르고 대파를 넣어 파기름을 만든다. 양파와 후춧가루 약간을 넣고 볶다가 *Step. 02* 의 양념을 넣고 볶는다.

Recipe

양송이버섯 마늘볶음

잘라요,
양념 넣고 볶아요, 끝!

Ingredient

양송이버섯 200g	다진 마늘 1
양파 1/2개	소금 약간
버터 1	바질 가루 약간
식용유	오레가노 가루 약간
청주 or 맛술 2	후춧가루 약간

Step. 01   양파를 다진다. 양송이버섯은 적당한 크기로 2~4등분한다.

Step. 02   달군 팬에 버터 1, 식용유 1, 양파를 넣고 약불로 볶는다.

Step. 03   양파가 익으면 양송이버섯, 소금 1꼬집, 다진 마늘 1, 청주 2, 바질 가루, 오레가
노 가루, 후춧가루 약간을 넣고 센 불로 볶는다.

돼지고기 사과조림

궁합이 너무 좋아
볼 것도 없대요

Ingredient

돼지고기 뒷다리살 400g
사과 1/2개
맛술 1

소금·후춧가루 약간
식용유

Seasoning

간장 5
식초 3

맛술 5
설탕 3

Step. 01

돼지고기를 적당한 크기로 자른 후 소금·후춧가루 약간, 맛술 1을 넣고 밑간한다. 사과를 6~8조각으로 자르고 가운데 씨를 제거한다.

Step. 02

+ 사과의 당도에 따라 설탕 양을 조절해도 돼요. 매실액을 약간 넣어도 좋아요.

간장 5, 식초 3, 맛술 5, 설탕 3을 넣어 양념을 만든다.

Step. 03

+ 대파와 양파를 넣어도 좋아요.

달군 팬에 식용유 2를 두르고 밑간한 고기를 굽는다. 고기가 절반가량 익으면 사과를 넣고 구운 후 양념을 넣고 센 불로 졸인다.

콩나물 두부조림

심심한 두 재료가 만나 빚어낸
놀라운 맛

Ingredient

| 콩나물 150g | 두부 1/2모 |
| 양파 1/2개 | 대파 1개 |

Seasoning

물 150mL	설탕 1/2
간장 7	고춧가루 2
다진 마늘 1	후춧가루 약간

Step. 01   대파는 송송 썰고 양파는 채 썬다. 두부를 3~5cm 두께로 자른다.

Step. 02   물 150mL, 간장 7, 다진 마늘 1, 설탕 1/2, 고춧가루 2, 후춧가루 약간을 넣어 양념을 만든다.

Step. 03   냄비 바닥에 콩나물을 깔고 두부, 양파, 대파, 양념을 넣는다. 처음에는 센 불로 끓이다가 끓어오르고 나면 중불로 끓인다.

Recipe

새송이버섯 간장조림

자연산 못지않은
비주얼과 영양가

Ingredient

| 새송이버섯 2개 | 식용유 |

Seasoning

간장 2	굴소스 1/2
물 2	후춧가루 약간
설탕 1/2	

Step. 01   새송이버섯을 반으로 자른 후 가운데에 벌집 모양으로 칼집을 넣는다.

Step. 02   간장 2, 물 2, 설탕 1/2, 굴소스 1/2, 후춧가루를 넣어 양념을 만든다. 칼집을 넣은 새송이버섯에 양념을 뿌리고 20분가량 재운다.

✚ 양념에 청양고추를 넣어도 돼요.

Step. 03   달군 팬에 식용유 2를 두르고 새송이버섯을 약불로 굽는다.

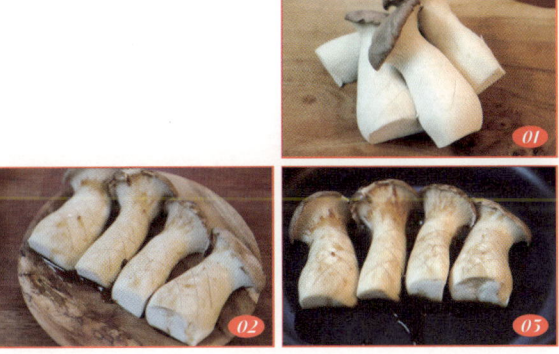

Recipe

양배추 조림

늘 남아돌아 버렸던 양배추를
무심히 볶아보자

Ingredient

| 양배추 200g | 표고버섯 4개 |

Seasoning

| 다진 마늘 1/2 | 간장 2 |
| 설탕 1/2 | 참기름 |

Step. 01

양배추를 2~3cm 두께로 채 썬다. 표고버섯도 채 썬다.

Step. 02

+ 쯔유를 넣으면 맛이 좀 더 풍부해져요.

다진 마늘 1/2, 설탕 1/2, 간장 2를 넣어 양념을 만든다.

Step. 03

+ 물을 약간 넣어도 돼요.

달군 팬에 식용유를 두르고 표고버섯과 양배추를 넣어 센 불로 볶는다. 양배추가 익으면 양념을 넣고 중불로 졸인 다음 참기름을 넣는다.

Recipe

우엉 조림

반찬으로도 좋고
김밥 재료로도 좋아요

Ingredient

우엉 150g　　참기름

Seasoning

물 100mL　　물엿 1
간장 3　　　 맛술 1
설탕 2

Step. 01 우엉을 1cm 정도 두께로 채 썬다.

Step. 02 물 100mL, 간장 3, 설탕 2, 물엿 1, 맛술 1을 넣어 양념을 만든다.

Step. 03 달군 팬에 참기름 2, 우엉을 넣고 약불로 살짝 볶는다. 양념을 넣고 센 불로 졸이다가 끓어오르면 중불로 졸인다.

✖ 우엉은 갈변이 잘 되는 재료이므로 썬 직후 식초 탄 물에 담가두면 좋아요.

Recipe

돼지고기 된장구이

고추장이 질린다면
된장으로 구워봐

Ingredient

| 돼지고기 앞다리살 300g | 식용유 |
| 대파 1/2개 | |

Seasoning

된장 1	간장 1
다진 마늘 1	맛술 1
설탕 1/2	후춧가루 약간
올리고당 1	

Step. 01

+ 대파 대신 양파를 넣어도 돼요.

대파를 얇게 채 썰어 찬물에 담가둔다.

Step. 02

적당한 크기로 자른 앞다리살에 된장 1, 다진 마늘 1, 설탕 1/2, 올리고당 1, 간장 1, 맛술 1, 후춧가루 약간을 넣고 20분 정도 재운다.

Step. 03

달군 팬에 식용유 2를 두르고 돼지고기를 센 불로 굽는다. 돼지고기가 익기 시작하면 약불로 천천히 굽는다.

Recipe

두부 스팸구이

짭조롬한 스팸을 품은
두부 샌드위치

Ingredient

스팸 100g
두부 1/2모
달걀 1개

부침가루 1/2컵
식용유

Step. 01

+ 두부에 소금 간을 따로 하지 않아도 돼요.
+ 스팸을 한번 데쳐서 사용해도 좋아요.

스팸과 두부를 2~3cm 두께로 자른다. 두부-스팸-두부 순서로 붙여 샌드위치 모양으로 만든다.

Step. 02

Step. 01 의 두부에 밀가루를 묻힌 후 달걀물을 묻힌다.

Step. 03

+ 샐러드와 함께 먹으면 더 맛있어요.

달군 팬에 식용유 3을 두르고 *Step. 02* 를 넣어 약불로 옆면부터 익힌다.

Recipe

미나리 달걀말이

달걀의 폭신함 속에 감춰진
미나리의 향긋함

Ingredient

미나리 30g
당근 20g
달걀 3개

소금 약간
식용유

Step. 01 미나리와 당근을 잘게 다진다.

Step. 02 달걀을 풀고 소금 1꼬집과 *Step. 01* 의 재료를 모두 넣고 섞는다.

Step. 03 달군 팬에 식용유 약간을 두르고 *Step. 02* 를 붓는다. 약불로 계란말이를 만든다.

Recipe

양상추 겉절이

부드럽게
씹히는 맛이 좋은

Ingredient

양상추 120g

Seasoning

고춧가루 2 | 다진 마늘 1/3
간장 2 | 참기름 1/3
설탕 1

Step. 01 양상추를 적당한 크기로 뜯는다.

Step. 02 넓은 그릇에 고춧가루 2, 간장 2, 설탕 1, 다진 마늘 1/3, 참기름 1/3을 넣어 양념을 만든다.

Step. 03 양념에 양상추를 넣고 버무린다.

Recipe

부추 겉절이

고기와 먹으면
더 좋은 맛

Ingredient

부추 100g | 양파 1/4개

Seasoning

고춧가루 2 | 식초 2.5
설탕 1 | 다진 마늘 1/3
간장 1.5 | 참기름 1/3

Step. 01 부추를 씻어 4~5등분한다. 양파를 얇게 채 썬다.

Step. 02 준비한 재료를 그릇에 담는다.

Step. 03

✚ 부추는 너무 많이 버무리면 풋내가 나니 주의하세요.

고춧가루 2, 설탕 1, 간장 1.5, 식초 2.5, 다진 마늘 1/3, 참기름 1/3을 넣고 버무린다.

Recipe

쑥 겉절이

봄철 밥상을
휘어잡는 상큼함

Ingredient

쑥 150g

Seasoning

간장 1.5   식초 1.5
액젓 1.5   참기름 1/3
고춧가루 1

Step. 01   쑥을 씻어 물기를 제거한다. 쑥이 크다면 5cm 정도 길이로 자른다.

Step. 02   간장 1.5, 액젓 1.5, 고춧가루 1, 식초 1.5, 참기름 1/3을 넣어 양념을 만든다.

+ 달게 먹고 싶다면
설탕을 추가해요.

Step. 03   쑥에 양념을 넣고 버무린다.

Recipe

콩나물 무침

늘 실패했지만
이번엔 성공 보장

Ingredient

콩나물 250g

Seasoning

간장 2   다진 마늘 1/2
고춧가루 2   참기름 2

Step. 01

콩나물을 뜨거운 물에 살짝 데친다.

+ 콩나물을 데칠 때 식초를 넣으면 색이 더 선명해지고 아삭해요.

Step. 02

데친 콩나물을 찬물에 씻어 물기를 제거한다.

Step. 03

콩나물에 간장 2, 고춧가루 2, 다진 마늘 1/2, 참기름 2를 넣고 버무린다.

+ 대파를 송송 썰어 넣으면 더 맛있어요.
+ 간이 안 맞다면 소금을 더 넣으세요.

049

Recipe

가지 무침

구웠더니
쫄깃해졌다

Ingredient

| 가지 1개 | 청양고추 1개 |

Seasoning

간장 2	다진 마늘 1/2
설탕 1	참기름 1/2
고춧가루 1	소금·후춧가루 약간

Step. 01   가지를 반으로 잘라 2cm 두께로 어슷 썬다. 팬에 식용유를 넣지 않고 자른 가지를 약불로 굽는다.

Step. 02   청양고추를 송송 썬다. 간장 2, 설탕 1, 고춧가루 1, 다진 마늘 1/2, 참기름 1/2, 소금 1꼬집, 후춧가루 약간을 넣어 양념을 만든다.

Step. 03   양념에 구운 가지를 넣고 버무린다.

Recipe

오이 고추장무침

입맛을 돋우는
아삭하고 새콤달콤한 맛

Ingredient

오이 1개   양파 1/4개

Seasoning

고춧가루 1   간장 1
고추장 1   식초 2
설탕 1   참기름 1
다진 마늘 1/2

Step. 01   양파는 0.5cm 두께로 채 썰고, 오이는 0.5cm 두께로 어슷 썬다.

Step. 02   넓은 그릇에 고춧가루 1, 고추장 1, 간장 1, 설탕 1, 다진 마늘 1/2, 식초 2,
참기름 1을 넣어 양념을 만든다.

Step. 03   양념에 오이와 양파를 넣고 버무린다.

Recipe

중국식 오이무침

알싸하고 짜릿해서
시원한 맛

Ingredient

오이 1개

Seasoning

다진 마늘 1   두반장 1
설탕 1   고추기름 1/2
식초 1

Step. 01

+ 오이를 반으로 잘라 씨를 제거해야 수분이 덜 생겨요.

오이를 반으로 잘라 0.5cm 두께로 어슷 썬다.

Step. 02

다진 마늘 1, 설탕 1, 식초 1, 두반장 1, 고추기름 1/2을 넣어 양념을 만든다.

Step. 03

양념에 오이를 넣고 버무린다.

Recipe

주키니 무침

서양호박과
고춧가루의 괜찮은 만남

Ingredient

주키니 1/2개   대파 1/2개

Seasoning

다진 마늘 1/2   설탕 약간
고춧가루 1/2   참기름 1/2
간장 1   깨소금 1/2
올리고당 1/2

Step. 01   주키니를 반으로 잘라 0.5cm 두께로 자르고 대파를 송송 썬다. 다진 마늘 1/2, 고춧가루 1/2, 간장 1, 설탕 2~3꼬집, 올리고당 1/2, 참기름 1/2을 넣어 양념을 만든다.

Step. 02   팬에 식용유를 두르지 않고 주키니를 센 불로 굽는다.

Step. 03   구운 주키니에 양념과 대파를 넣고 버무린다.

Recipe

풋고추 된장무침

지친 입맛을 살려주는
한여름 밥도둑

Ingredient

풋고추 100g

Seasoning

다진 마늘 1/2
고추장 1
물엿 2

된장 2
참기름 1

Step. 01   풋고추의 꼭지를 제거한 후 3~4cm 크기로 어슷 썬다.

Step. 02   다진 마늘 1/2, 고추장 1, 물엿 2, 된장 2, 참기름 1을 넣어 양념을 만든다.

+ 쌈장이 있다면 참기름만 넣어도 돼요.

Step. 03   양념에 고추를 넣고 버무린다.

Recipe

달래 양념장

봄철 입맛을 찾아주는
알싸하고 상큼한 맛.

Ingredient

달래 50g

Seasoning

고춧가루 1/2　　매실액 or 설탕(물엿) 1/2
간장 4　　　　　깨소금 1

Step. 01

달래를 씻어 물기를 제거한다.

Step. 02

달래를 1~2cm 크기로 자른다.

Step. 03

✚ 참기름을 넣으면 더 고소해요.

고춧가루 1/2, 간장 4, 매실액 1/2, 깨소금 1을 넣어 양념을 만들어 달래와 버무린다.

Recipe

닭가슴살 고추장

봄철 입맛을 찾아주는
알싸하고 상큼한 맛.

Ingredient

닭가슴살 200g   식용유
대파 1개

Seasoning

고추장 6   올리고당 2
다진 마늘 2   물 3
설탕 1   후춧가루 약간
맛술 2

Step. 01   닭가슴살을 잘게 다진다. 대파도 잘게 다진다.

Step. 02   고추장 6, 다진 마늘 2, 설탕 1, 맛술 2, 물 3, 올리고당 2를 넣어 양념을 만든다.

Step. 03   달군 팬에 식용유 5를 두르고 대파를 볶다가 닭가슴살과 후춧가루 약간을 넣고 센 불로 볶는다. 닭가슴살이 익으면 *Step. 02*의 양념을 넣고 끓인다.

+ 농도를 취향껏 조절하세요.

한그릇 찌개/찜

"오늘 하루도 수고한 나를 위한
정성 메뉴"

피곤한 저녁 집에 와서 후딱 아무거나 시켜 먹고 싶다가도
수고한 나에게 그러면 안 되지!
반찬이 필요 없는 한 그릇 정성 메뉴

참치김치찌개
훈제오리김치찌개
돼지고기짜글이
돈가스김치전골
만두짜글이
돼지고기김치찜
바지락술찜
돼지고기수육

Recipe

참치 김치찌개

만능 재료 참치 통조림과 김치의
이유 있는 만남

Ingredient

참치 통조림 1개(100g) 양파 1/2개
김치 200g   대파 1개
물 350mL

Seasoning

간장 2.5   고춧가루 1
김칫국물 3   참기름 1
다진 마늘 1/2   소금·후춧가루 약간

Step. 01   참치 통조림에서 참치와 기름을 분리한다. 대파는 어슷 썰고 양파는 채 썬다. 김치를 적당한 크기로 자른다.

Step. 02   냄비에 참치 통조림 기름과 참기름 1을 넣고 김치를 센 불로 볶는다.

Step. 03   김치를 볶다가 물 350mL를 붓는다. 대파, 양파, 간장 2.5, 김칫국물 3, 다진 마늘 1/2, 고춧가루 1, 소금 2~3꼬집, 후춧가루 약간을 넣고 센 불로 끓인다.

Recipe

훈제오리 김치찌개

만날 먹는 김치찌개의
색다른 변신

Ingredient

훈제오리 200g
김치 300g
양파 1/2개
대파 1개

김칫국물 100mL
멸치육수 or 쌀뜨물 500mL
식용유

Seasoning

설탕 1/2
고춧가루 3
된장 1

맛술 1
다진 마늘 1

Step. 01 김치를 적당한 크기로 자른다. 양파는 채 썰고, 대파는 송송 썬다.

Step. 02 냄비에 식용유 2를 두르고 대파와 양파를 넣고 센 불로 볶는다. 양파가 익으면 훈제오리, 맛술 1을 넣고 오리 기름이 나올 때까지 볶는다.

Step. 03 오리 기름이 나오면 김치, 설탕 1/2, 고춧가루 3, 다진 마늘 1을 넣고 김치가 익을 때까지 볶는다. 김치가 익으면 된장 1, 김칫국물 100mL, 멸치육수 500mL를 넣고 센 불로 끓인다.

Recipe

돼지고기 짜글이

끓는 소리만으로도 맛있는
푸짐한 한 끼

Ingredient

돼지고기 300g
양파 1/2개
주키니 1/4개
맛술 1

청량고추 1개
소금·후춧가루 약간
식용유

Seasoning

물 500mL
간장 3
설탕 1
다진 마늘 1

고춧가루 3
고추장 2
된장 1

Step. 01   양파와 주키니를 약간 굵게 다진다. 대파와 청양고추를 어슷 썬다.

Step. 02   돼지고기에 맛술 1, 소금 2~3꼬집, 후춧가루 약간을 넣고 밑간한다.

Step. 03   물 500mL, 간장 3, 고춧가루 3, 고추장 2, 된장 1, 설탕 1, 다진 마늘 1을 넣어 양념을 만든다.

Step. 04

+ 감자를 넣으면 더 맛있어요.

냄비에 식용유 2를 두르고 돼지고기를 볶은 후 다진 양파와 주키니를 볶는다.

Step. 05   냄비에 *Step. 03*의 양념을 붓고 센 불로 끓인다. 원하는 농도가 되면 대파와 청양고추를 넣어 마무리한다.

071

Recipe

돈가스 김치전골

부드럽고 얼큰한
한 그릇 요리

Ingredient

돈가스 2장
양파 1개
대파 1개
김치 200g

달걀 1개
물 500mL
식용유

Seasoning

간장 4
설탕 1/2

다진 마늘 1
고춧가루 3

Step. 01

대파는 어슷 썰고 양파는 채 썬다. 김치를 적당한 크기로 자른다.

+ 묵은 김치를 사용하면 더 좋아요.

Step. 02

돈가스를 튀겨서 적당한 크기로 자른다.

Step. 03

간장 4, 설탕 1/2, 고춧가루 3, 다진 마늘 1을 넣어 양념을 만든다.

Step. 04

냄비에 식용유 3을 두르고 김치를 볶는다. 물 500mL를 부은 후 *Step. 03*의 양념, 대파, 양파를 넣고 센 불로 끓인다.

+ 김치와 양파는 볶아서 넣으면 더 좋아요.
+ 물 대신 멸치육수를 넣으면 더 맛있어요.

Step. 06

국물이 절반가량 줄어들면 돈가스를 올린다. 달걀을 올려 마무리한다.

+ 달걀은 생략해도 됩니다.

073

Recipe

만두 짜글이

냉동실 터줏대감의
얼큰한 변신

Ingredient

| 만두 6개 | 대파 1개 |
| 양파 1/2개 | 물 350mL |

Seasoning

간장 1.5	고춧가루 1
맛술 1	고추장 1
다진 마늘 1/2	

Step. 01   양파는 채 썰고 대파는 어슷 썬다.

Step. 02   냄비에 물 350mL를 붓는다. 양파, 고춧가루 1, 고추장 1, 간장 1.5, 맛술 1, 다진 마늘 1/2을 넣고 센 불로 끓인다.

Step. 03   찌개가 끓어오르면 만두 6개와 대파를 넣고 센 불로 끓인다.

✚ 고추참치나 스팸을 넣으면 더 맛있어요.

075

Recipe

돼지고기 김치찜

어떻게 만들어도,
누가 해도 맛있다

Ingredient

돼지고기 400g	대파 1개
포기김치 600g	물 700mL
양파 1/2개	

Seasoning

간장 4	고추장 1
설탕 2	김칫국물 5
다진 마늘 1	후춧가루 약간
고춧가루 3	

Step. 01

양파는 채 썰고 대파는 어슷 썬다. 다진 마늘 1, 고춧가루 3, 고추장 1, 간장 4, 설탕 2, 김칫국물 5, 후춧가루 약간을 넣어 양념을 만든다.

Step. 02

+ 쌀뜨물을 넣으면 좀 더 감칠맛을 느낄 수 있어요.

냄비에 식용유를 넣지 않고 김치를 약불로 굽다가 물 700mL를 붓는다.

Step. 03

냄비에 양념, 돼지고기를 넣고 센 불로 30분가량 졸인다. 국물이 1/3가량 남으면 대파와 양파를 넣어 끓인다.

Recipe

바지락 술찜

아미노산 풍부한
초간단 술안주

Ingredient

바지락 600g
홍고추 1개
페페론치노 7~10개
대파 1/2개
버터 2

마늘 10개
소주 100mL
물 200mL
후춧가루 약간

Step. 01　　바지락을 해감한다. 홍고추와 대파는 어슷 썰고 마늘은 편 썬다.

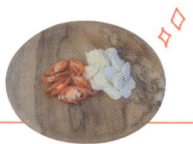

Step. 02　　냄비에 버터 2, 페페론치노, 마늘을 넣고 약불로 볶는다.

Step. 03　　해감한 바지락을 넣고 센 불로 살짝 볶다가 소주 100mL, 후춧가루 약간을 넣고 끓인다. 알코올이 날아가면 물 200mL를 넣고 끓인 후 대파와 홍고추를 넣는다.

Recipe

돼지고기 수육

촉촉하고 부드러운
앞다리살의 맛

Ingredient

돼지 앞다리살 1.2kg	통계피 70g
양파 1개	통후추 1
대파 1개	월계수 잎 8장
마늘 7쪽	된장 1
물 2L	커피믹스 1봉지(6g)

Step. 01 돼지고기 앞다리살을 덩어리로 준비한다.

Step. 02 냄비에 돼지고기, 양파 1개, 대파 1개, 마늘 7쪽, 통계피 70g, 통후추 1, 월계수 잎 8장, 된장 1, 커피믹스 1봉지, 물 2L를 넣고 센 불로 끓인다.

Step. 03 물이 끓어오르면 중불로 끓인다. 고기가 익으면 건져내어 얇게 썬다.

✚ 물이 끓을 때 고기를 넣으면 고기가 좀 더 촉촉해져요.

한 그릇 메뉴

"나를 위해 차리는
한 그릇 음식"

콩나물돼지고기덮밥
표고버섯덮밥
차슈덮밥
간장양념돼지고기덮밥
두반장돼지고기덮밥
닭가슴살달걀덮밥
가지덮밥
베이컨숙주덮밥
미나리두부밥

쑥밥
참치버터달걀밥
돼지고기쌈장볶음밥
두반장볶음밥
부추참치볶음밥
문어볶음밥
육포주먹밥
꼬막비빔밥

Recipe

콩나물 돼지고기덮밥

아삭아삭 씹히는
단짠 단짠의 조화

Ingredient

밥 1공기   김치 70g
콩나물 1줌   다진 돼지고기 50g

Seasoning

고춧가루 2   물 3
간장 1/2   다진 마늘 1/2
김칫국물 3   후춧가루 약간

Step. 01   콩나물을 손질하고 김치를 작게 자른다.

Step. 02   냄비에 콩나물, 김치, 다진 돼지고기를 순서대로 올린다. 고춧가루 2, 간장 1/2, 김치 국물 3, 물 3, 다진 마늘 1/2, 후춧가루 약간(2~3번 톡톡)을 넣고 중불로 볶는다.

Step. 03   밥 위에 덮밥 재료를 올리고 참기름을 넣는다.

Recipe 53

표고버섯 덮밥

혀끝에서 감도는
버섯 향기

Ingredient

밥 1공기
표고버섯 4개
다진 돼지고기 50g
마늘 3쪽

양파 1/2개
가다랑어포 1줌
식용유
소금·후춧가루 약간

Seasoning

물 50mL
간장 3

맛술 1/2
올리고당 3

Step. 01   다진 돼지고기에 소금 1꼬집과 후춧가루를 약간(손가락으로 2~3번 톡톡) 넣고 밑간한다.

Step. 02   재료를 손질한다. 표고버섯과 양파를 채 썰고, 마늘을 편 썬다.

Step. 03   식용유를 두르지 않은 팬에서 약불로 표고버섯을 굽는다.

Step. 04   달군 팬에 식용유 2를 두른다. 편마늘과 다진 돼지고기를 넣고 센 불로 볶는다.

Step. 05   돼지고기가 익으면 양파를 넣고 물 50mL, 간장 3, 맛술 1/2, 올리고당 3을 넣고 졸인다.

Step. 06   밥 위에 졸인 돼지고기와 채소를 올린다. 맨 위에 가다랑어포를 올린다.

Recipe

차슈 덮밥

겉은 바싹하고 속은 촉촉한
통삼겹의 맛

Ingredient

밥 1공기
통삼겹살 1근(600g)
양파 1/2개
대파 1개

마늘 5~10쪽
통후추 1
식용유 100mL

Seasoning

물 400mL
간장 200mL

맛술 100mL
설탕 1/2컵(종이컵)

Step. 01 통삼겹살을 절반으로 자른다. 대파는 7cm 크기로 자르고 양파는 크게 3등분한다. 마늘과 통후추를 준비한다.

Step. 02 달군 팬에 식용유 2를 두른다. 편마늘과 다진 돼지고기를 넣고 센 불로 볶는다.

Step. 03 식용유를 두르지 않은 팬에 양파, 대파, 마늘, 통후추를 넣고 센 불로 태우듯이 겉을 익힌다.

Step. 04 냄비에 준비한 고기와 채소, 물 400mL, 간장 200mL, 맛술 100mL, 설탕 1/2컵을 넣고 센 불에서 30~40분 정도 졸인다.

Step. 05 고기를 건져내어 적당한 크기로 자른다.

Step. 06 고기를 졸인 후 남은 양념을 팬에서 한 번 더 졸인다. 그릇에 밥을 담고 고기와 양념을 올린다.

Recipe 55

간장양념 돼지고기덮밥

저렴한 돼지고기 뒷다리살로 만드는
든든한 한 끼

Ingredient

밥 1공기
양파 1/2개
돼지고기 뒷다리살 or
대패삼겹살 100g

달걀 1개
맛술 1
소금·후춧가루 약간
식용유

Seasoning

간장 5
설탕 3

물 2

Step. 01

돼지고기 뒷다리살을 얇게 썰고 맛술 1, 소금·후춧가루 약간을 넣고 30분 정도 재운다.

Step. 02

간장 5, 설탕 3, 물 2를 넣어 양념을 만든다.

Step. 03

+ 달걀노른자는 생략해도 돼요.

달군 팬에 식용유 2를 두르고 *Step. 01*의 고기를 볶는다. 고기가 익으면 양파와 양념을 넣고 센 불로 졸인다. 밥 위에 덮밥 재료와 달걀노른자를 올린다.

Recipe

두반장 돼지고기덮밥

두반장으로 만드는
중화 요리 한 그릇

Ingredient

밥 1공기
대패삼겹살 100g
마늘 3쪽

대파 1개
양배추 30g
식용유

Seasoning

두반장 1
청주 1
간장 1/2
설탕 1/2

고춧가루 1/2
다진 마늘 1/3
후춧가루 약간

Step. 01   재료를 손질한다. 양배추는 사각으로, 대파는 송송, 마늘은 편 썬다.

Step. 02   두반장 1, 청주 1, 간장 1/2, 설탕 1/2, 고춧가루 1/2, 다진 마늘 1/3, 후춧가루 약간을 넣어 양념을 만든다.

Step. 03   달군 팬에 식용유 2를 두르고 마늘과 대패삼겹살을 볶는다. 고기가 익으면 양배추와 대파를 넣고 볶다가 양배추의 숨이 죽으면 양념을 넣고 센 불로 볶는다.

Recipe 57

닭가슴살 달걀덮밥

다이어트 중이라도 부담 없이 먹는
저칼로리 식사

Ingredient

밥 1공기
닭가슴살 150g
달걀 1개
양파 1/2개

대파 1/2개
파프리카 1/4개
소금·후춧가루 약간
식용유

Seasoning

간장 3
맛술 2
다진 마늘 1

설탕 1/2
물 100mL

Step. 01　　닭가슴살을 적당한 크기로 자른다. 소금과 후춧가루를 약간 뿌려 밑간한다.

Step. 02　　재료를 손질한다. 양파를 채 썰고, 대파를 송송 썬다. 파프리카의 가운데 씨를 제거하고 채 썬다.

Step. 03　　달걀 1개를 푼다.

Step. 04　　간장 3, 맛술 2, 다진 마늘 1, 설탕 1/2, 물 100mL를 넣어 양념을 만든다.

Step. 05　　달군 팬에 식용유 2를 두르고 닭가슴살을 볶는다. 손질한 채소와 양념을 넣고 졸인다.

Step. 06　　양념이 적당히 졸아들면 달걀을 풀어 넣어 마무리한다.

Step. 07　　그릇에 밥을 담고 덮밥 재료를 올린다.

Recipe

가지 덮밥

맛이 없다는 편견은
버려라

Ingredient

밥 1공기
가지 1개
다진 돼지고기 50g
대파 1/2개

양파 1/2개
소금·후춧가루 약간
식용유

Seasoning

간장 1
설탕 1

굴소스 2
고춧가루 1

Step. 01 가지를 반으로 자른 후 두께 1cm 크기로 어슷 썬다. 대파를 송송 썰고, 양파를 다진다.

Step. 02 다진 돼지고기에 소금 1꼬집, 후춧가루 약간을 넣어 밑간한다.

Step. 03 달군 팬에 식용유 3을 두른 후 대파와 양파를 센 불로 볶는다.

Step. 04 대파 향이 나면 다진 돼지고기를 넣고 볶는다.

Step. 05 돼지고기가 익으면 가지를 넣고 익힌다. 가지가 익으면 간장 1, 설탕 1, 굴소스 2, 고춧가루 1을 넣고 센 불로 볶는다. 그릇에 밥을 담고 덮밥 재료를 올린다.

+ 매콤하게 먹고 싶다면 청양고추를 넣으세요.
+ 참기름을 넣어서 마무리하면 더 맛있어요.

Recipe 60

베이컨
숙주덮밥

숙주 한 줌으로
베이컨의 맛을 올렸다

Ingredient

밥 1공기	간장 1
베이컨 3줄	설탕 약간
숙주 130g	식용유
대파 1/2개	

Step. 01

숙주를 손질하고 대파를 송송 썬다. 베이컨을 2~3cm 너비로 자른다.

Step. 02

+ 베이컨에서 기름이 나오니 식용유는 최소한으로 넣으세요.

달군 팬에 식용유 1/2을 두르고 대파를 볶다가 베이컨을 넣고 중불로 볶는다.

Step. 03

+ 간장과 설탕 대신 굴소스를 넣어도 돼요.

베이컨이 익으면 숙주, 간장 1, 설탕 2~3꼬집을 넣고 센 불로 볶는다. 밥 위에 덮밥 재료를 올린다.

Recipe

미나리 두부밥

건강하게 먹고 싶은 날에
생각나는 맛

Ingredient

| 밥 1공기 | 두부 1/4모 |
| 미나리 1줌 | 식용유 |

Seasoning

| 간장 3 | 깨소금 1 |
| 고춧가루 2 | 참기름 1/3 |

Step. 01   미나리를 씻어 물기를 제거하고 2cm 길이로 자른다. 두부를 사방 2cm 크기의 주사위 모양으로 자른다.

Step. 02   간장 3, 고춧가루 2, 깨소금 1, 참기름 1/3을 넣어 양념을 만든다.

Step. 03   달군 팬에 식용유 2를 두르고 중불에서 두부를 노릇하게 굽는다. 그릇에 밥을 담고 두부와 미나리, 양념을 올린다.

Recipe 63

쑥밥

입 안 가득 느껴지는
봄 내음

Ingredient

쌀 100g   물 100mL
쑥 50g

Step. 01   쑥을 씻어서 먹기 좋게 자른다.

Step. 02   쌀을 30분 정도 불린 후 냄비에 담는다. 물을 넣고 센 불로 밥을 끓일 때 쑥을 넣고 약불로 줄여 뚜껑을 덮는다(10분 정도).

Step. 03   밥이 완성되면 뜸을 들이고(5분 정도) 골고루 섞는다.

+ 양념장을 곁들어 먹으면 더 맛있어요. 양념장 만드는 법은 171쪽을 참고하세요.

페이지 다음 교에 수정

Recip

참치버터
달걀밥

버터 풍미 가득한
참치 볶음밥

Ingredient

밥 1공기	달걀 1개
참치 통조림 1개(85g)	버터 1
대파 1/2개	간장 1

Step. 01   대파를 송송 썬다. 달걀을 풀고 참치의 기름을 제거한다.

Step. 02   달군 팬에 버터 1, 참치, 대파를 넣고 중불로 볶는다.

Step. 03   밥과 간장 1을 넣고 센 불로 볶는다. 마지막에 달걀을 넣고 센 불로 볶는다.

Recipe

돼지고기 쌈장볶음밥

자투리 돼지고기와
쌈장만 있으면 된다

Ingredient

밥 1공기	쌈장 2
돼지고기 150g	식용유

Step. 01

돼지고기를 적당한 크기로 자른다.

✚ 고기 두께가 얇을수록 밥이랑 잘 어울려요.

Step. 02

달군 팬에 식용유 2를 두르고 돼지고기를 굽는다.

Step. 03

돼지고기가 익으면 밥과 쌈장 2을 넣고 센 불로 볶는다.

✚ 마늘을 넣으면 좋아요. 참기름을 넣으면 더 맛있어요.

Recipe

두반장 볶음밥

두반장만 있으면
중국식 요리는 만사형통

Ingredient

밥 1공기
다진 돼지고기 30g
다진 마늘 1/2
대파 1/2개

당근 1/3개
두반장 1
소금·후춧가루 약간
식용유

Step. 01 다진 돼지고기에 다진 마늘 1/2, 소금 1꼬집, 후춧가루 약간을 넣어 밑간한다.

Step. 02 대파는 송송 썰고, 당근은 다진다.

Step. 03 달군 팬에 식용유 2를 두르고 당근, 대파, 돼지고기를 넣고 중불로 볶는다. 밥 1공기, 두반장 1을 넣고 센 불로 볶는다.

Recipe

부추참치 볶음밥

부드럽고 향긋한
부추 향을 담은

Ingredient

밥 1공기
참치 통조림 1개
부추 50g

굴소스 1
다진 마늘 1/3
소금·후춧가루 약간

Step. 01

달군 팬에 참치 통조림의 기름과 참치를 넣고 중불로 볶는다.

+ 식용유 대신 참치 통조림 기름이나 버터를 넣어도 돼요.

Step. 02

기름이 절반 정도 줄어들면 밥 1공기를 넣고 강불로 볶다가 굴소스 1, 다진 마늘 1/3, 소금 1꼬집, 후춧가루 약간을 넣고 볶는다.

Step. 03

밥과 양념이 잘 섞이면 잘게 자른 부추를 넣은 후 불을 끄고 섞는다.

+ 대파를 넣어도 좋아요. 참기름을 약간 넣으면 더 맛있어요.

✘ 신선한 부추를 고르는 법
녹색이 선명한 것, 잎이 두껍고 폭이 넓은 것, 향이 강한 것

Recipe

문어 볶음밥

쫄깃한 식감은 물론
영양도 맛도 최고

Ingredient

밥 1공기
자숙 문어 100g
대파 1개

당근 20g
식용유

Seasoning

간장 1
굴소스 1

스위트 칠리소스 1

Step. 01

+ 자숙문어는 삶아서 급냉한 문어입니다. 일반 마트에서 쉽게 구할 수 있어요.

자숙 문어를 적당한 크기로 자른다. 대파를 송송 썰고 당근을 다진다.

Step. 02

간장 1, 굴소스 1, 스위트 칠리소스 1을 넣어 양념을 만든다.

Step. 03

+ 마요네즈와 가다랑어포를 곁들여도 좋아요.

달군 팬에 식용유 3을 두르고 대파와 양파를 볶는다. 채소가 익으면 밥, 자숙 문어, 양념을 넣고 센 불로 볶는다.

Recipe

육포 주먹밥

쫄깃한 식감은 물론
영양도 맛도 최고

Ingredient

밥 1공기
육포 30g
양파 1/4개
당근 10g

파프리카 1/4개
후춧가루 약간
식용유
참기름

Step. 01 육포를 잘게 다진다. 양파, 당근, 파프리카도 잘게 다진다.

Step. 02 달군 팬에 식용유 2를 두르고 다진 채소를 볶는다. 채소의 수분이 없어지면 육포를 넣고 볶는다.

Step. 03 밥 1공기에 볶은 채소와 육포, 후춧가루 약간, 참기름 1을 넣고 섞는다. 밥을 주먹밥 모양으로 만든다.

Recipe

꼬막 비빔밥

집에서 맛보는
겨울 갯벌의 쫄깃함

Ingredient

밥 1공기   청양고추 1개
꼬막 250g 홍고추 1개

Seasoning

간장 5   설탕 2
고춧가루 2 다진 마늘 2
맛술 2   참기름 2

> ✖ 꼬막 해감하는 법
> 1. 찬물에 약간의 소금을 넣고 꼬막 껍질이 깨끗해질 때까지 문질러 씻는다.
> 2. 해감이 잘 되도록 바닷물 농도와 비슷한 소금물에 숟가락을 꽂아 빛이 차단되도록 한다. 가장 적당한 농도는 물 1L에 소금 5숟가락이다.

Step. 01   꼬막을 삶아 껍데기와 살을 분리한다.

Step. 02   청양고추와 홍고추를 다진다.

Step. 03   간장 5, 고춧가루 2, 맛술 2, 설탕 2, 다진 마늘 2, 참기름 2, 다진 고추를 넣어 양념을 만든다.

Step. 04   꼬막에 양념을 넣고 버무린다.

Step. 05   밥 위에 버무린 꼬막을 올린다.

> ✖ 꼬막 쫄깃하게 삶는 법
> 1. 찬물에 꼬막을 넣고 불을 켠다. 끓이는 동안 한 방향으로 저으며 거품을 걷는다. 한 방향으로 저으면 꼬막 껍데기와 꼬막 살이 잘 분리된다.
> 2. 꼬막을 삶을 때 꿀과 청양고추를 넣으면 비린내는 사라지고 식감이 좋아진다.
> 3. 끓는 물에 꼬막을 넣은 후 꼬막의 입이 벌어지기 시작하면 불을 끄고 헹군다. 꼬막을 오래 삶으면 질겨지므로 바로 꺼내야 한다.

분식 메뉴

"집에서 기분 내는
홈포차"

베이글에그인헬	두부전	깻잎튀김
아보카도샌드위치	깻잎말이전	우엉튀김
달걀감자샌드위치	감자채전	바나나튀김
풋고추국수	마전	옥수수튀김
단무지국수	주키니전	샐러리잎튀김
김치비빔국수	동그랑땡	꼬막튀김
간장비빔국수	달걀만두	닭근위튀김
당면간장조림	만두부침개	두부가스
두반장김밥	간장버터옥수수구이	간장두부강정
간장버터떡볶이	단호박버터구이	코코넛밀크치킨
감자떡	허브감자구이	허니콤보맛치킨
무떡	마구이	인도네시아식치킨
어묵전	어묵튀김	

Recipe

베이글 에그인헬

아침에
포만감을 느끼고 싶다면

Ingredient

베이글 1.5개
치즈 2장
달걀 3개

버터 1
메이플시럽 약간
파슬리가루 약간

Step. 01 치즈 2장을 겹친 후 9등분한다.

Step. 02 달군 팬에 버터 1을 넣고 절반으로 자른 베이글의 앞뒤를 천천히 굽는다.

✛ 팬에서 베이글을 굽는 대신 오븐이나 전자레인지를 사용해도 돼요.

Step. 03 베이글의 가운데에 달걀과 치즈를 올린다. 최대한 불을 낮춰 치즈를 녹이고 달걀을 익힌다. 마지막에 메이플 시럽과 파슬리가루를 뿌린다.

Bagel Egg in Hell

Recipe

아보카도 샌드위치

입 안을 감도는 버터 향 과일과
식빵이 만나면

Ingredient

식빵 2장
아보카도 1/2개
달걀 3개

홀그레인 머스터드 소스 1
마요네즈 2
설탕 1

Step. 01   식빵의 테두리를 자른다. 달걀을 삶는다.

Step. 02   아보카도의 껍질을 제거하고 으깬다. 으깬 아보카도에 홀그레인 머스터드 1, 마요네즈 2, 설탕 1, 삶은 달걀을 넣고 으깬다.

Step. 03   식빵에 *Step. 02* 를 올리고 다른 식빵으로 덮은 후 먹기 좋게 자른다.

✖ 아보카도 손질법
1. 씨를 중심으로 반으로 가른 후 아보카도를 손으로 비튼다.
2. 씨에 칼날을 꽂고 살짝 비틀어 씨를 뺀다.
3. 껍질과 과육 사이에 숟가락을 넣어 과육을 분리한다.

Recipe

달걀감자 샌드위치

너무 흔해,
그만큼 맛있어

Ingredient

식빵 2장
달걀 2개
감자 1개
슬라이스 치즈 1장

설탕 1
마요네즈 2
딸기잼 1
소금 약간

Step. 01   달걀과 감자를 삶아서 으깬다. 설탕 1, 마요네즈 2, 딸기잼 1, 소금 2~3꼬집을 넣고 버무린다.

Step. 02   식빵 한쪽에 딸기잼을 바른다. 그 위에 치즈와 *Step. 01* 을 올린다.

Step. 03   *Step. 02* 에 다른 식빵을 올린 후 먹기 좋게 자른다.

Recipe

풋고추 국수

고명이 없다면?
알싸하고 상큼한 풋고추를 올린

Ingredient

| 소면 80g | 풋고추 5개 |

Seasoning

설탕 2	간장 3
참기름 1	다진 마늘 1/2
식초 1	

Step. 01   고추를 송송 썬다. 고추의 씨를 제거해도 상관없다.

Step. 02   설탕 2, 참기름 1, 식초 1, 간장 3, 다진 마늘 1/2을 넣고 양념을 만든다.

Step. 03   소면은 삶아서 찬물에 헹궈 물기를 제거한다. 모든 재료를 볼에 담고 양념을 넣어 버무린다.

Recipe

단무지 국수

단무지의 새콤달콤함과
오이의 상큼함이 빛나는

Ingredient

| 소면 150g | 단무지 150g |
| 오이 1/3개 | |

Seasoning

고춧가루 1	고추장 2
참기름 1	설탕 1.5
식초 1.5	간장 1
맛술 1	다진 마늘 1/2

Step. 01　　　오이를 돌려 깎은 후 채 썬다. 단무지를 채 썬다.

Step. 02　　　소면을 삶은 후 찬물로 씻는다.

+ 끓는 물에 소면을 넣어 삶다가 중간중간 끓어오를 때마다 찬물을 부으면 면발이 쫄깃해져요. 면을 삶은 후에는 바로 찬물에 헹구세요.

Step. 03　　　고춧가루 2, 참기름 1, 식초 1.5, 맛술 1, 고추장 1.5, 설탕 1.5, 간장 1, 다진 마늘 1/2을 넣고 양념을 만든다. 그릇에 모든 재료와 양념을 넣고 버무린다.

129

김치 비빔국수

단무지의 새콤달콤함과
오이의 상큼함이 빛나는

Ingredient

소면 100g 김치 100g
쌈채소 30g 소금 약간
오이 1/2개

Seasoning

고추장 2 참깨 1
간장 2 설탕 1
올리고당 2 다진 마늘 1/2
참기름 2

Step. 01

쌈채소를 씻어 적당한 크기로 자른다. 오이는 돌려 깎은 후 채 썰고, 김치는 잘게 자른다.

Step. 02

+ 식초와 매실액을 넣어도 좋아요.

고추장 2, 간장 2, 설탕 1, 올리고당 2, 참기름 2, 참깨 1, 다진 마늘 1/2을 넣어 양념을 만든다.

Step. 03

끓는 물에 소금 1꼬집을 넣고 소면을 삶은 후 찬물로 씻어 물기를 제거한다. 그릇에 모든 재료와 양념을 넣고 버무린다.

Recipe

간장 비빔국수

달콤해서
아기들도 좋아하는 맛

Ingredient

| 소면 100g | 당근 1/2개 |
| 양파 1/2개 | 소금 약간 |

Seasoning

다진 마늘 1	설탕 2
간장 2	참기름 2
식초 1	깨소금 1

Step. 01   양파와 당근을 채 썬다.

Step. 02   다진 마늘 1, 간장 2, 식초 1, 설탕 2, 깨소금 1, 참기름 2를 넣어 양념을 만든다.

Step. 03   소면을 삶아서 찬물에 헹군다. 소면을 삶은 물에 채 썬 채소들을 한번 데친다. 그릇에 모든 재료와 양념을 넣고 버무린다.

Recipe

당면 간장조림

술술 넘어가는
극강의 부드러움

Ingredient

당면 50g 　　오이 1/2개
김치 100g

Seasoning

물 200mL 　　설탕 1
간장 2 　　참기름

Step. 01 당면을 찬물에 불린다.

Step. 02 김치는 송송 썰고, 오이는 돌려 깎은 후 채 썬다.

Step. 03

+ 식초와 매실액을 넣어도 좋아요.

물 200mL, 간장 2, 설탕 1, 당면을 넣고 당면이 익을 때까지 끓인다. 그릇에 당면을 담고 고명과 참기름 약간을 넣는다.

Recipe

두반장 김밥

두반장만 있으면 완성되는 초간단 김밥

Ingredient

밥 1공기
김밥용 김 2장
청양고추 2개
당근 1/4개

두반장 1/2
마요네즈 2
참기름

Step. 01   청양고추와 당근을 적당한 크기로 다진다.

Step. 02   밥 1공기에 Step. 01과 두반장 1/2, 마요네즈 2, 참기름 1을 넣고 섞는다.

Step. 03   김발에 반으로 자른 김과 밥을 올리고 김밥을 만다.

+ 마요네즈에 찍어 먹으면 더 맛있어요.

Recipe

간장버터 떡볶이

맵지 않아 더 좋은
국민 간식

Ingredient

떡국 떡 300g	버터 1
마늘 5쪽	설탕 1
대파 1/2개	간장 1

Step. 01   떡국 떡을 10분 정도 물에 불린다. 마늘은 편 썰고 대파는 송송 썬다.

Step. 02   달군 팬에 버터 1, 마늘, 대파를 넣고 약불로 볶는다.

Step. 03   떡을 넣고 볶다가 떡이 익으면 설탕 1, 간장 1을 넣고 센 불로 빠르게 볶는다.

Recipe

감자떡

감자의
고급스런 변신

Ingredient

감자 1개(주먹 크기)   소금 약간
전분가루 2   버터 1/2
우유 2   식용유

Seasoning

간장 2   물엿 1/3
설탕 2

Step. 01

감자는 껍질을 벗기고 삶아서 물기를 제거한다. 여기에 전분가루 3, 우유 2, 소금을 넣어 으깨어 동그랗게 만든다.

Step. 02

간장 2, 설탕 2, 물엿 1/3을 넣어 소스를 만든다.

Step. 03

+ 치즈를 곁들여 먹으면 맛있어요.

달군 팬에 식용유 2, 버터 1/2을 넣고 약불에서 감자를 노릇하게 굽는다. 감자가 익으면 소스를 넣고 중불로 졸인다.

Recipe

무떡

무의 아삭하고 시원한 맛을
부쳐 먹어요

Ingredient

무 600g
찹쌀가루 7
전분가루 5

소금 약간
식용유

Step. 01 무를 적당한 크기로 잘라 믹서기로 간 후 체로 거른다.

+ 무에 물을 넣고 갈아도 돼요.

Step. 02 체로 거른 무에 소금 2~3꼬집, 찹쌀가루 7, 전분가루 5를 넣어 반죽을 만든다.

+ 반죽에 건새우를 다져 넣으면 더 맛있어요.

Step. 03 팬에 식용유 3을 넣고 중불로 반죽을 굽는다.

Recipe

어묵전

안 그래도 고소한데
더 고소하게 먹자

Ingredient

어묵 2장	달걀 1개
당근 1/4개	부침가루 3
청양고추 1개	식용유

Step. 01

어묵을 잘게 다진다. 당근과 청양고추도 잘게 다진다.

Step. 02

준비한 재료와 달걀 1개, 부침가루 3을 넣어 섞는다.

+ 대파나 부추를 넣으면 더 맛있어요.
+ 부침가루를 많이 넣으면 모양 잡기는 쉽지만 맛이 떨어져요.

Step. 03

달군 팬에 식용유 3을 두른 후 중불에서 반죽을 노릇하게 굽는다.

Recipe

두부전

으깨서 부치면
더 맛나요

Ingredient

두부 1모
당근 1/3개
양파 1/4개
달걀 1개

밀가루 5
소금·후춧가루 약간
식용유

Step. 01

+ 채소를 잘게 다질수록 반죽이 잘 뭉쳐져요.

두부를 꽉 짜서 물기를 제거하고 으깬다. 당근과 양파를 잘게 다진다.

Step. 02

준비한 재료에 소금 1꼬집, 후춧가루 약간, 달걀 1개, 밀가루 5를 넣고 섞는다.

Step. 03

+ 모양을 크게 만들어 스테이크로 먹어도 좋아요.

반죽을 동그랗게 빚어 팬에서 중불로 굽는다.

Recipe

깻잎말이전

깻잎의 고소함이
돼지고기를 품었다

Ingredient

깻잎 15장
다진 돼지고기 150g
양파 1/4개
달걀 1개
다진 마늘 1

밀가루 4
굴소스 1
소금·후춧가루 약간
식용유

Step. 01 　　다진 돼지고기에 소금 1/3, 다진 마늘 1, 다진 양파, 밀가루 4, 굴소스 1을 넣고 반죽한다.

Step. 02 　　깻잎에 반죽한 돼지고기를 올리고 동그랗게 만다.

+ 깻잎에 밀가루를 묻힌 후 말아도 돼요.

Step. 03 　　달걀 물에 깻잎을 담근 후 꺼내어 팬에 식용유를 두르고 노릇하게 굽는다.

Recipe

감자채전

감자의
경이로운 변신

Ingredient

| 감자 5개 | 식용유 |
| 소금 약간 | |

Step. 01　　　감자를 채 썰고 소금 1꼬집을 뿌린다.

Step. 02　　　달군 팬에 식용유 3을 두른 후 감자채를 펼치고 약불에서 익힌다. 전분 물은 전분과 물을 일대일 비율로 섞어서 만든다.

✚ 감자채가 서로 붙지 않으면 전분물을 살짝 넣으세요.

✚ 전분물은 전분과 물을 일대일 비율로 섞어서 만들어요. 그대로 사용해도 되지만 전분과 물이 분리되면 전분 바로 위의 물을 약간만 남기고 버린 후 전분만 사용해도 돼요.

Potato →

Recipe

마전

건강에 좋은 재료,
맛있게 부쳐 먹자

Ingredient

마 150g
당근 20g
대파 1/2개

부침가루 2
식용유

Step. 01

마를 잘게 다진다. 당근과 대파도 잘게 다진다.

+ 마는 믹서기나 강판으로 갈아도 돼요.

Step. 02

모든 재료를 그릇에 담고 부침가루 2를 넣어 반죽한다.

Step. 03

달군 팬에 식용유 3을 두른 후 마 반죽을 넣고 센 불로 굽는다.

Recipe

주키니전

서양 호박도
부쳐 먹으면 꿀맛

Ingredient

주키니 1/2개
달걀 1개
부침가루 5

소금 약간
식용유

Step. 01   주키니를 0.5~1cm 두께로 자른 후 소금을 뿌려 10분 정도 절인다.

Step. 02   주키니의 물기를 제거하고 부침가루를 입힌다. 부침가루를 묻힌 주키니에 달걀물을 입힌다.

Step. 03   달군 팬에 식용유 3을 두르고 주키니를 노릇하게 굽는다.

Recipe

동그랑땡

자투리 채소만 있으면
언제든 OK

Ingredient

다진 돼지고기 500g	부침가루 4
두부 150g	맛술 1
숙주 200g	설탕 1/2
양파 1/2개	간장 2
당근 20g	참기름
대파 1/2개	소금·후춧가루 약간
달걀 2개	식용유

Step. 01 숙주를 뜨거운 물에 데쳐 씻은 후 잘게 다진다.

Step. 02 두부를 뜨거운 물에 데친 후 물기를 제거하고 으깬다.

Step. 03 양파, 당근, 대파를 다진다.

Step. 04 그릇에 다진 돼지고기와 다진 재료들을 담는다. 부침가루 4, 달걀 2개, 간장 2, 맛술 1, 소금 1꼬집, 설탕 1/2, 후춧가루 약간, 참기름 1을 넣고 반죽을 만든다.

Step. 05 반죽을 동그랑땡 모양으로 만든다.

Step. 06 달군 팬에 식용유 4를 두르고 동그랑땡을 센 불로 굽는다.

✚ 반죽에 소고기를 약간 넣으면 더 맛있어요.

Recipe

달걀 만두

당면의 변신은 무죄,
이젠 부쳐 먹자

Ingredient

당면 한 줌(50g)
달걀 4개
당근 1/4개
대파 1개

간장 1.5
설탕 약간
식용유

Step. 01　　　당면을 물에 불리고 잘게 자른다. 당근과 대파를 잘게 다진다.

✚ 당면을 삶아서 사용해도 돼요.

Step. 02　　　당면, 달걀, 당근, 대파, 간장 1.5, 설탕 2~3꼬집을 섞는다.

Step. 03　　　달군 팬에 식용유 2를 두르고 당면 반죽을 한입 크기로 떠서 약불로 부친다. 절반 정도 익으면 반으로 접어 마저 익힌다.

Recipe

만두 부침개

냉동 만두로 만드는
초간단 부침개

Ingredient

당면 한 줌(50g)
달걀 4개
당근 1/4개
대파 1개

간장 1.5
설탕 약간
식용유

Step. 01

+ 고기만두를 사용한다면 청양고추를 다져서 넣으세요.

김치만두를 으깨고 달걀, 후춧가루 약간을 넣는다.

Step. 02

+ 만두피가 들어가기 때문에 부침가루는 조금만 넣거나 안 넣어도 돼요.

재료를 잘 섞어 반죽을 만든다.

Step. 03

달군 팬에 식용유 3을 두르고 *Step. 02*의 반죽을 센 불에서 노릇하게 굽는다.

Recipe

간장 버터옥수수구이

그냥 먹어도 맛있는 옥수수를
더 맛있게 먹고 싶다면

Ingredient

삶은 옥수수 2개	설탕 1
버터 3	맛술 1
간장 2	

Step. 01

간장 2, 설탕 1, 맛술 1을 넣어 소스를 만든다. 버터를 잘라서 준비한다.

✚ 맵게 먹고 싶다면 간장 소스에 고춧가루를 넣으세요.

Step. 02

팬에 식용유를 넣지 않고 약불에서 옥수수를 굽는다. 이때 조금씩 버터를 넣어가며 옥수수를 굴린다.

Step. 03

간장 소스를 조금씩 넣으면서 굽는다.

✚ 붓을 이용해서 간장 소스를 옥수수에 바르면 편하기도 하고 색깔도 예쁘게 나와요.

Recipe

단호박 버터구이

버터향이 솔솔 나는
달달한 영양 간식

Ingredient

단호박 1/4개　　　식용유
버터 1

Step. 01

단호박을 4등분한 후 씨를 제거한다. 씨를 제거한 단호박을 5~6등분한다.

Step. 02

달군 팬에 버터 1을 넣고 찐 단호박을 약불로 굽는다.

✢ 단호박 크기에 따라 익는 시간이 차이가 나요. 단호박이 너무 익지 않게 시간을 잘 조절하세요.

Step. 03

간장 소스를 조금씩 넣으면서 굽는다.

✢ 단호박의 당도에 따라 설탕을 추가해도 돼요.
✢ 견과류를 곁들이면 더 좋아요.

Recipe

허브 감자구이

뻔한 맛이 지겨워
로즈마리를 넣었다

Ingredient

감자 2개
소금 약간

로즈마리 약간
올리브오일

Step. 01   감자 껍질을 벗겨 웨지 모양으로 6~8등분한다. 로즈마리를 씻어 물기를 제거한 후 잎만 뜯어 준비한다.

Step. 02   끓는 물에 소금과 감자를 넣고 70% 정도 삶은 후 건진다. 건진 감자에 소금 1꼬집, 올리브오일 3, 로즈마리를 넣고 20분가량 절인다.

Step. 03   달군 팬에 감자와 로즈마리를 넣고 약불로 굽는다.

Recipe

마구이

건강하고 맛있는
영양 간식

Ingredient

마 150g(길이 15cm 정도) | 소금 약간
마늘 2개 | 올리브오일

Step. 01   마를 0.5~1cm 두께로 자른다.

Step. 02   마늘을 편 썬다.

Step. 03   달군 팬에 올리브오일 3을 두른다. 자른 마와 마늘에 소금 1꼬집을 넣고 약불로 천천히 굽는다.

Recipe

어묵
튀김

어묵탕이 지겹다면
기름에 바삭하게 튀겨보자

Ingredient

| 어묵 2장 | 식용유 150mL |

Step. 01

어묵을 2cm 너비로 자른다.

Step. 02

+ 에어프라이어로 튀겨도 돼요.

팬에 식용유를 넣고 170도 온도에서 어묵을 튀긴다.

Step. 03

+ 칠리소스나 케첩이랑 같이 먹으면 맛있어요.

튀긴 어묵을 건져내어 기름이 빠지도록 체에 올린다.

Recipe

깻잎 튀김

초절약 초간단
초스피드 튀김

Ingredient

깻잎 15장
튀김가루 or 밀가루 70g
물 50mL
식용유 300mL

Step. 01

튀김가루 70g에 물 50mL를 넣어 반죽을 만든다.

+ 튀김 반죽에 소금을 넣어도 돼요.
+ 튀김가루 대신 밀가루를 사용한다면 물을 약간 더 넣어야 해요.

Step. 02

깻잎에 반죽을 묻힌다.

Step. 03

팬에 식용유를 넣고 180도 온도에서 깻잎을 튀긴다.

+ 간을 하지 않아 그냥 먹으면 싱거워요.

Recipe

우엉
튀김

바삭함에 놀라고
고소함에 또 놀라는

Ingredient

우엉 100g
간장 1/2
밀가루 1/2

전분가루 1
식용유 100mL

Step. 01

우엉은 2~3cm 두께로 어슷 썬다. 간장 1/2을 넣고 10분가량 절인다.

✛ 간장 대신 소금으로 밑간해도 돼요.

Step. 02

밑간한 우엉에 밀가루 1/2과 전분 1을 넣어 섞는다.

Step. 03

팬에 식용유를 넣고 180도 온도에서 우엉이 노릇해질 때까지 튀긴다.

✛ 초간장이나 칠리소스와 같이 먹으면 더 맛있어요.

175

Recipe

바나나 튀김

집에서 만들어 먹는
동남아 인기 간식

Ingredient

바나나 1개
달걀 1개
빵가루 4

밀가루 4
식용유 100mL

Step. 01   바나나를 4~5등분한다. 달걀 물을 만든다.

Step. 02   바나나에 달걀 물을 입히고 빵가루를 묻힌다. 바나나를 밀가루, 달걀, 빵가루 순으로 입힌다.

Step. 03   팬에 식용유를 넣고 170도 온도에서 *Step. 02* 의 바나나를 튀긴다.

+ 빵가루만 익으면 되기 때문에 오래 튀길 필요 없어요.

Recipe

옥수수 튀김

입 안에서 터지는
고소함의 절정

Ingredient

옥수수알 150g   식용유 400mL
전분가루 2

Step. 01

옥수수의 물기를 제거하고 전분가루 2를 넣고 버무린다.

+ 옥수수 통조림을 사용해도 돼요.

Step. 02

팬에 식용유를 넣고 180도 온도에서 옥수수알을 노릇하게 튀긴다.

Step. 03

튀긴 옥수수를 체에 받쳐 기름을 제거한다.

+ 파마산 치즈 가루와 설탕을 뿌려 먹으면 더 맛있어요.

Recipe

샐러리잎 튀김

샐러리의 독특한 풍미와
쓴 맛을 잡은

Ingredient

샐러리 잎 100g
튀김가루 100g
물 100mL
식용유 300mL

Step. 01   튀김가루 100g에 물 100mL를 넣고 반죽을 만든다. 샐러리 잎에 튀김 반죽을 입힌다.

Step. 02   팬에 식용유를 넣고 180도 온도에서 샐러리 잎을 튀긴다.

Step. 03   튀긴 샐러리 잎을 체에 올려 기름을 제거한다. 기름을 제거해야 바삭하게 먹을 수 있다.

+ 간을 하지 않아 싱거워요. 반죽에 소금 간을 하거나 간장에 찍어 드세요.

Recipe

꼬막 튀김

튀김의 바삭함을
뚫고 나오는 쫄깃함

Ingredient

꼬막 100g
달걀 1개
빵가루 30g

물 30mL
식용유 180mL

Step. 01

꼬막살을 준비한다. 튀김가루, 물, 달걀을 섞은 반죽에 꼬막을 묻힌다.

+ 꼬막에 달걀 물이 잘 안 묻으면 밀가루를 약간 묻힌 후 달걀 물을 묻힌다.

Step. 02

달걀 물을 묻힌 꼬막에 빵가루를 묻힌다.

Step. 03

팬에 식용유를 넣고 180도 온도에서 꼬막을 튀긴다.

Recipe

닭근위 튀김

안주거리가 필요하다면!
술을 부르는 맛

Ingredient

닭 근위 300g
마늘 10쪽
밀가루 2
전분가루 5

청주 2
소금·후춧가루 약간
식용유 180mL

Step. 01

닭 근위에 밀가루 2를 뿌려 문질러 씻는다. 씻은 닭 근위에 청주 2, 소금 2~3꼬집, 후춧가루 약간을 넣어 밑간한다.

Step. 02

밑간한 닭 근위의 물기를 제거하고 전분가루 5를 넣고 버무린다.

+ 닭근위에 밀가루를 묻히고 튀김 반죽을 입혀서 튀겨도 돼요.

Step. 03

팬에 식용유를 넣고 180도 온도에서 마늘을 튀긴 후 닭 근위를 넣고 튀긴다.

+ 칠리소스나 케첩 등 원하는 소스에 찍어 드세요.

Recipe

두부가스

카레가루로
고급스러움을 입었다

Ingredient

두부 1모
달걀 2개
빵가루 5
밀가루 4

카레가루 1
소금 약간
식용유

Step. 01 두부를 2~3cm 두께로 자른 후 소금을 2~3꼬집 뿌린다. 소금을 뿌린 두부는 키친타월을 이용해 물기를 제거한다.

Step. 02 밀가루 4와 카레가루 1을 섞는다. 물기를 제거한 두부에 밀가루, 달걀 물, 빵가루 순으로 묻힌다.

Step. 03 달군 팬에 식용유 5를 두르고 두부를 약불로 굽는다. 체에 받쳐 기름을 제거한다.

+ 케첩과 먹으면 더 맛있어요.
+ 채소를 약간 곁들여도 좋아요.

Recipe

간장 두부강정

두부 싫어하는 사람도
맛있게 먹어요

Ingredient

두부 1/2모
새송이버섯 2개
전분가루 100g
마요네즈 1

식용유 200mL
소금·후춧가루 약간
가다랑어포 약간

Seasoning

물엿 2
맛술 1

간장 2.5
설탕 1

Step. 01   두부는 사방 3cm 크기의 주사위 모양으로 자른다. 두부의 물기를 제거하고 소금 1꼬집과 후춧가루 약간을 뿌려 밑간한다.

Step. 02   새송이버섯을 적당한 크기로 자른다.

Step. 03   물엿 2, 맛술 1, 간장 2.5, 설탕 1을 넣어 양념을 만든다.

Step. 04   물기를 제거한 두부에 전분가루를 묻힌다.

Step. 05   팬에 식용유를 넣고 180도 온도에서 두부와 새송이버섯을 튀긴다.

Step. 06   튀긴 두부와 새송이버섯을 체에 받쳐 기름을 충분히 뺀다.

Step. 07   팬에 *Step. 03*의 양념을 넣고 중불로 끓인다. 소스가 끓어오르면 튀긴 두부와 새송이버섯을 넣고 센 불로 빠르게 볶는다.

Step. 08   완성된 강정을 그릇에 담고 마요네즈와 가다랑어포를 뿌린다.

Recipe

코코넛밀크 치킨

코코넛밀크의 달콤함을 품은
동남아식 치킨

Ingredient

청주 3	양파 1/4개
코코넛밀크 100mL	양배추 100g
우유 3	소금·후춧가루 약간
오이 1/3개	식용유

Seasoning

피시소스 or 액젓 1	올리고당 2
식초 1/2	올리브오일 2
레몬즙 1/2	소금 약간

Step. 01 닭고기에 청주 3, 소금 1꼬집, 후춧가루 약간을 넣어 10분 정도 재운다.

✚ 닭고기 부위는 상관없지만 날개가 가장 맛있어요.

Step. 02 키친타올로 물기를 제거한 닭고기에 칼집을 내고 우유 30mL, 코코넛밀크 100mL를 넣어 1시간 정도 재운다.

Step. 03 양배추를 곱게 채 썬다. 오이를 원형으로 얇게 썬다.

Step. 04 양파를 곱게 채 썰어 찬물에 담근다.

Step. 05 피시소스 1, 식초 1/2, 레몬즙 1/2, 올리고당 2, 올리브오일 2, 소금 2~3꼬집을 넣어 샐러드 소스를 만든다.

Step. 06 그릇에 채소들을 모두 담은 후 샐러드 소스를 넣고 버무린다.

Step. 07 달군 팬에 식용유 4를 두르고 닭고기 껍질이 바닥으로 향하게 하여 센 불로 굽는다. 닭고기의 껍질이 바삭해지면 약불에서 익힌다.

Recipe

허니콤보맛 치킨

대놓고 베끼는
유명 치킨 체인점의 인기 메뉴

Ingredient

닭고기 500g
튀김가루 50g
전분가루 50g
물 100mL

식용유 300mL
레몬즙 1
청주 5
소금·후춧가루 약간

Seasoning

물 90mL
간장 4
다진 마늘 1
꿀 3

굴소스 1
맛술 1
청주 1/3

Step. 01 닭고기에 소금 1꼬집과 후춧가루 약간, 레몬즙 1, 청주 5를 넣고 20분 정도 재운다.

Step. 02 물 90mL, 간장 4, 꿀 3, 다진 마늘 1, 굴소스 1, 맛술 1, 청주 1/3을 넣어 양념을 만든다.

Step. 03 튀김가루 50g, 전분가루 50g, 물 100mL를 넣어 튀김 반죽을 만든다.

Step. 04 팬에 식용유를 넣고 180도 온도에서 튀김옷을 묻힌 닭을 튀긴다.

+ 닭을 2번 튀기면 더 바삭해요.

Step. 05 팬에 *Step. 02* 의 양념을 넣고 절반가량 남을 때까지 졸인 후 튀긴 닭을 넣고 센 불로 볶는다.

+ 소스를 끓인 후 붓을 이용해서 튀긴 닭에 소스를 바르는 게 더 좋아요.

Step. 06 튀긴 닭을 건져 기름이 빠질 때까지 기다린다.

Recipe

인도네시아식 치킨

먹다 남긴 치킨의
화려한 변신

Ingredient

치킨 3조각
마늘 3쪽

청양고추 1개
양파 1/4개

Seasoning

피시소스 or 액젓 1
간장 1
굴소스 1

설탕 1
레몬즙 1/3
소금·후춧가루 약간

Step. 01   치킨 3조각을 준비한다.

Step. 02   마늘 3쪽, 청양고추 1개, 양파 1/4개, 설탕 1, 피시소스 1, 간장 1, 굴소스 1, 레몬 즙 1/3, 소금·후춧가루 약간을 넣고 절구로 으깬다.

Step. 03   소스에 치킨을 넣고 으깬다.

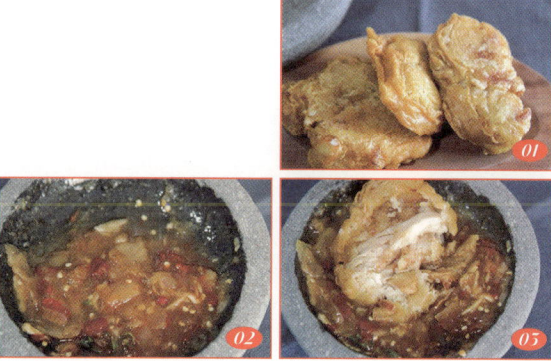

○ 인스턴트 활용 메뉴 ○

"대기업의 맛을 내 스타일로 요리한다"

인스턴트 음식과
남은 배달 음식 활용 레시피

짜장컵라면볶음밥
콩나물라면
숙주참치라면
불닭볶음사천짜장
짬뽕볶음라면
토마토라면
가다랑어포라면

Recipe

짜장컵라면 볶음밥

짜장 라면도 먹고 싶고
밥도 먹고 싶다면

Ingredient

밥 1공기 　　　물 150mL
짜장 컵라면 1개 　식용유

Step. 01 짜장 컵라면의 면을 비닐에 담아 잘게 부순다.

Step. 02 잘게 부순 라면을 용기에 다시 담고 찬물 150mL를 붓는다. 2~3분 정도 기다렸다가 면을 건져낸다.

Step. 03 달군 팬에 식용유 2를 두른 후 밥 1공기를 센 불로 볶다가 라면과 스프를 넣고 볶는다.

✛ 달걀 스크램블 또는 달걀프라이랑 같이 드세요.

Recipe

콩나물 라면

숙취 해소의 대명사

Ingredient

라면 1개
콩나물 150g
대파 1/2개 양파 1/2개

고춧가루 1
다진 마늘 1/2
식용유

Step. 01

콩나물을 씻어 물기를 제거한다. 대파는 어슷 썰고 양파는 채 썬다.

Step. 02

냄비에 식용유 2를 두르고 대파, 양파를 볶다가 양파가 익으면 고춧가루 1을 넣고 중불로 볶는다.

Step. 03

+ 콩나물이 들어가 싱거울 수 있으니 정량보다 물을 약간 적게 넣으세요.

*Step. 02*에 물을 넣고 라면을 끓인다. 마지막에 콩나물과 다진 마늘 1/2을 넣는다.

Recipe

숙주 참치라면

라멘도 쌀국수도 아니지만
숙주로 아삭함을 더한다

Ingredient

라면 1개
참치 통조림 1개
숙주 150g

양파 1/4개
고춧가루 1
다진 마늘 1/2

Step. 01

참치 통조림의 기름을 제거한다.

Step. 02

+ 숙주의 아삭한 식감이 싫다면 숙주를 익혀 드세요.

숙주를 씻어 물기를 제거한다. 양파를 1cm 크기로 채 썬다.

Step. 03

+ 고춧가루를 좀 더 넣거나 청양고추를 넣으면 칼칼하게 먹을 수 있어요.

라면을 끓이고 참치, 양파, 고춧가루 1, 다진 마늘 1/2을 넣는다. 마지막에 숙주를 넣는다.

203

Recipe

불닭볶음 사천짜장

불닭볶음면으로 흉내 내는 사천요리

Ingredient

3분 짜장 1개   양파 1개
불닭볶음면 1개   식용유

Step. 01   양파 1/2은 채 썰고, 1/2은 깍둑썰기한다.

Step. 02   3분 짜장을 끓는 물에 데운다. 불닭볶음면을 70% 정도 끓인 후 건진다.

Step. 03   달군 팬에 식용유 2를 두르고 센 불에서 양파를 볶는다. 양파가 갈색이 되면 삶아두었던 라면과 라면소스, 짜장을 넣고 볶는다.

+ 더 맵게 먹고 싶다면 고춧가루, 고추기름, 청양고추를 곁들여서 드세요.

Recipe

짬뽕 볶음라면

국물 없이 볶아 먹는
짬뽕 라면

Ingredient

진짬뽕라면 1개 양배추 150g
양파 1개
고춧가루 1

굴소스 1/2
후춧가루 약간
식용유

Step. 01   양배추와 양파를 0.5cm 두께로 채 썬다.

Step. 02   라면을 70% 정도 끓인 후 건진다.

Step. 03   달군 팬에 식용유 3과 고춧가루 1을 넣고 센 불에서 채소를 볶는다. 굴소스 1/2, 라면스프 1/2봉지, 면을 넣고 볶는다.

+ 해산물을 넣으면 더 맛있어요.

Recipe

토마토 라면

라면으로 만들어내는
파스타 한 그릇

Ingredient

라면 1개
양파 1/4개
청양고추 1개
다진 마늘 1

물 400mL
토마토 페이스트 150g or 생
토마토, 홀 토마토 통조림
식초 1

Step. 01 양파는 채 썰고. 청양고추는 송송 썬다.

Step. 02

✚ 식초는 취향껏 넣으세요.

물이 끓으면 라면스프, 청양고추, 양파를 넣고 끓이다가 라면을 넣고 끓인다.

Step. 03 토마토 페이스트를 넣는다.

Recipe

가다랑어포 라면

우유의 고소함과
가다랑어포의 구수함

Ingredient

라면 1개
물 300mL
우유 200mL

다진 마늘 1
가다랑어포 한 줌

Step. 01　　　　　냄비에 물 300mL, 다진 마늘 1을 넣고 라면을 끓인다.

+ 매운맛 라면으로 끓이
는 게 가장 맛있어요.

Step. 02　　　　　면이 살짝 풀어지면 우유 200mL를 넣는다.

Step. 03　　　　　그릇에 라면을 담고 가다랑어포를 올린다.

○ 다이어트 메뉴 ○

"간단하게 준비해서 가볍게 먹기"

맛있으면 0칼로리

당근샐러드
무샐러드
숙주샐러드
샐러리샐러드
연근샐러드
두부채소샐러드
건두부샐러드
토마토달걀볶음
훈제오리달걀볶음
두부수프
두부들깨구이
실곤약비빔국수
발사믹식초닭가슴살스테이크

Recipe

당근 샐러드

색감만으로도
식욕을 자극한다

Ingredient

당근 70g

Dressing

식초 1
홀그레인 머스터드 소스 1

엑스트라 버진 올리브오일 2
소금·후춧가루 약간

Step. 01

당근을 최대한 얇게 채 썬다.

+ 채칼을 사용하면 좀 더 편하게 썰 수 있어요.

Step. 02

식초 1, 홀그레인 머스터드 1, 올리브오일 2, 소금 1꼬집, 후춧가루 약간을 넣어 드레싱을 만든다.

Step. 03

당근과 드레싱을 버무린다.

+ 바게트 빵과 먹으면 맛있어요. 다른 샐러드랑 같이 먹어도 좋아요.

Recipe

무샐러드

깍두기로만 먹지 말고
샐러드로도 먹자

Ingredient

양상추 50g　　당근 10g
무 100g　　　가다랑어포 약간

Dressing

식초 2　　　　엑스트라 버진 올리브오일 1
올리고당 2　　소금 약간

Step. 01

+ 단맛이 나는 겨울 햇무를 사용하면 더 맛있어요.

양상추를 적당한 크기로 뜯는다. 무와 당근은 필러로 얇게 깎는다.

Step. 02

식초 2, 올리고당 2, 소금 1꼬집, 엑스트라 버진 올리브오일 1을 넣어 드레싱을 만든다.

Step. 03

+ 매실 장아찌를 다져서 넣으면 더 맛있어요.

준비한 재료를 모두 섞어 그릇에 담고 가다랑어포를 올린다.

217

Recipe

숙주 샐러드

마요네즈로 버무린
아삭함

Ingredient

숙주 200g

Dressing

간장 1
맛술 1
올리고당 1
레몬즙 1/2

마요네즈 2
소금 약간
깨소금 2

Step. 01　　　숙주를 찜기에 넣고 5분가량 찐다.

Step. 02　　　깨소금 2를 양손으로 비벼서 빻고 간장 1, 맛술 1, 레몬즙 1/2, 올리고당 1, 마요네즈 2, 소금 1꼬집을 넣어 드레싱을 만든다.

+ 고추냉이나 겨자를 넣으면 더 맛있어요.

Step. 03　　　숙주에 드레싱을 넣어 버무린다.

Recipe

샐러리 샐러드

샐러리 향에
드레싱을 얹다

Ingredient

샐러리 150g	양파 1/4개
당근 1/4개	오이 1/3개

Dressing

마요네즈 5	레몬즙 1
꿀 3	소금·후춧가루 약간

Step. 01 샐러리는 1cm 크기로 어슷 썬다. 오이의 씨를 제거하고 먹기 좋게 자른다.

Step. 02 당근은 5cm 길이로 채 썬다. 양파도 당근과 비슷한 두께로 채 썬다.

Step. 03 마요네즈 5, 꿀 3, 레몬즙 1, 소금과 후춧가루를 약간 넣어 드레싱을 만든다. 준비한 재료를 그릇에 모두 담고 드레싱을 뿌린다.

✖ 샐러리 고르는 방법
1. 잎의 색이 선명하고 광택이 나는 것
2. 줄기부분은 두껍고 둥글며 심이 쭉 뻗은 것
3. 구멍이 있는 것은 피한다.

Recipe

연근 샐러드

한 입 베어 물면 퍼지는
유자 향의 상큼함

Ingredient

연근 50g

Dressing

유자청 1
엑스트라 버진 올리브오일 2

레몬즙 1
소금 1꼬집

Step. 01   연근을 최대한 얇게 자른다.

Step. 02   끓는 물에 식초를 넣은 후 연근을 30초 정도 데친다. 연근을 찬물에 씻어 물기를 제거한다.

Step. 03   유자청 1, 레몬즙 1, 엑스트라 버진 올리브오일 2, 소금 1꼬집을 넣어 드레싱을 만든다.

+ 유자청 대신 다른 청을 사용해도 돼요.

Recipe

두부 채소샐러드

물기를 빼고 나니
담백함이 한가득

Ingredient

두부 1모
당근 1/3개
양파 1/2개
표고버섯 2개

샐러드 채소 한 줌
소금 약간
식용유

Step. 01   두부의 물기를 제거하고 으깬다. 양파, 당근, 표고버섯을 채 썬다.

Step. 02   달군 팬에 식용유를 넣지 않고 으깬 두부를 넣어 물기가 사라질 때까지 볶는다.

Step. 03   팬에 식용유 1을 두르고 양파와 소금 약간을 넣고 센 불로 볶는다. 같은 방법으로 당근과 표고버섯도 볶는다. 볶은 채소들을 그릇에 담은 후 원하는 드레싱을 뿌려서 먹는다.

Recipe

건두부 샐러드

두부로 만든 면발이 주는 쫄깃함

Ingredient

건두부 100g | 방울토마토 10개
어린잎 채소 50g

Dressing

케첩 1 | 다진 마늘 1/3
스위트 칠리소스 2 | 레몬즙 1/2
설탕 1/3 | 엑스트라 버진 올리브오일 1

Step. 01

+ 건두부를 데칠 때 설탕을 약간 넣으면 더 맛있어요.

건두부를 0.5~1cm 두께로 채 썬다. 방울토마토를 다진다.

Step. 02

케첩 1, 스위트 칠리소스 2, 설탕 1/3, 다진 마늘 1/3, 레몬즙 1/2, 엑스트라 버진 올리브오일 1을 넣어 드레싱을 만든다.

Step. 03

+ 드레싱에 다진 양파나 핫소스를 넣어도 맛있어요.

건두부를 뜨거운 물에 5분가량 데친다. 그릇에 재료를 모두 담고 드레싱을 뿌린다.

Recipe

토마토 달걀볶음

볶으면
맛도 영양도 더 올라가요

Ingredient

달걀 2개	소금 약간
토마토 1/2개 or 방울토마토	식용유

Step. 01

달걀에 소금 1꼬집을 넣고 푼다. 토마토를 크기에 따라 6~8등분한다.

✛ 토마토를 더 작게 자르거나 토마토의 씨를 없애도 돼요.

Step. 02

달군 팬에 식용유 2를 두르고 토마토를 센 불로 볶는다.

Step. 03

토마토의 숨이 죽으면 달걀에 소금 1꼬집을 넣고 스크램블을 한다.

Recipe

훈제오리 달걀볶음

느끼하지 않은
오리기름의 맛

Ingredient

훈제오리 100g
양파 1/2개
달걀 2개

간장 1/3
설탕 1/3
식용유

Step. 01   훈제오리를 적당한 크기로 자른다. 양파를 채 썰고 달걀을 푼다.

Step. 02   달군 팬에 식용유 1을 두르고 양파를 센 불로 볶다가 훈제오리를 넣고 볶는다.

✢ 부추를 곁들여 먹으면 더 맛있어요.

Step. 03   오리 기름이 나오면 오리를 한쪽으로 밀어놓는다. 달걀 물을 넣어 약불로 스크램블을 한다

Recipe

두부수프

고소하고 든든한
한 끼

Ingredient

두부 1모
우유 200mL
생크림 100mL(생략 가능)

양파 1/2개
버터 2
허브솔트 약간

Step. 01   두부는 적당한 크기로 자르고 양파는 채 썬다.

Step. 02   냄비에 버터 2를 넣고 양파를 약불로 볶는다. 양파가 갈색 빛이 나면 두부와 허브솔트 2~3꼬집을 넣고 볶는다.

Step. 03   *Step. 02* 의 내용물에 우유와 생크림을 넣고 믹서기나 블렌더를 이용하여 내용물을 간다. 원하는 농도가 될 때까지 끓인다.

+ 생크림은 생략해도 돼요.

Recipe

두부 들깨구이

두부에
고소함을 입혔다

Ingredient

두부 1/2모
양파 1/2개
달걀 2개
밀가루 100g
들깨가루 7
깨소금 5

식초 1/2
설탕 1/2
간장 1/2
소금·후춧가루 약간
식용유

Step. 01 양파를 곱게 채 썬다. 양파에 식초 1/2, 간장 1/2, 설탕 1/2을 넣고 재운다.

Step. 02 두부를 3~4cm 두께로 자른다. 키친타월로 물기를 제거하고 소금과 후춧가루를 약간 뿌려 밑간을 한다. 달걀 2개를 풀고 들깨가루 7과 깨소금 5를 섞는다.

Step. 03 두부에 밀가루-달걀-들깨가루 순으로 묻힌다. 달군 팬에 식용유 5를 두르고 두부를 약불로 굽는다. 접시에 양파를 깔고 구운 두부를 담는다.

Recipe

실곤약 비빔국수

몸매도 살리고
입맛도 살리고

Ingredient

실곤약 130g 양파 1/4개
깻잎 3장 양배추 100g

Seasoning

고추장 2 다진 마늘 1/2
간장 2 식초 1.5
설탕 2 참기름 1
고춧가루 1/2

Step. 01   실곤약을 뜨거운 물에 살짝 데친 후 씻는다.

Step. 02   양파와 깻잎, 양배추를 채 썬다.

Step. 05   고추장 2, 간장 2, 설탕 2, 고춧가루 1/2, 다진 마늘 1/2, 식초 1.5, 참기름 1을 넣고 양념을 만든다. 모든 재료를 담아 버무린다.

Recipe

발사믹식초 닭가슴살스테이크

다이어트 식품의 최고봉과
발사믹 식초의 만남

Ingredient

닭가슴살 150g	발사믹 식초 50mL
양파 1/2개	설탕 1
콜리플라워 100g	오레가노 가루 1/2
버터 2	로즈마리 가루 1/2
올리브오일 1	소금·후춧가루 약간

Step. 01   양파를 채 썬다. 콜리플라워를 먹기 좋게 자른다. 닭가슴살을 먹기 좋은 두께로 저민 후 소금 1꼬집을 뿌린다.

Step. 02   달군 팬에 올리브오일 1, 버터 2, 콜리플라워와 양파를 넣고 센 불로 볶다가 소금과 후춧가루를 약간 넣는다.

Step. 03   팬에 발사믹 식초 50mL, 설탕 1, 오레가노 가루 1/2, 로즈마리 가루 1/2을 넣고 끓인다. 닭가슴살을 넣고 중불로 졸인다.

+ 좋아하는 채소를 곁들여 먹어도 좋아요.

귀차니스트를 위한
혼밥 요리 레시피

2024년 8월 7일 개정판 1쇄 인쇄
2024년 8월 14일 개정판 1쇄 발행

지은이 | 강민구
펴낸이 | 이종춘
펴낸곳 | ㈜첨단

주소 | 서울시 마포구 양화로 127 (서교동) 첨단빌딩 3층
전화 | 02-338-9151
팩스 | 02-338-9155
인터넷 홈페이지 | www.goldenowl.co.kr
출판등록 | 2000년 2월 15일 제 2000-000035호

본부장 | 홍종훈
편집 | 강현주, 조연곤
디자인 | 말리북
전략마케팅 | 구본철, 차정욱, 오영일, 나진호, 강호묵
제작 | 김유석
경영지원 | 이금선, 최미숙

ISBN 978-89-6030-633-2 13590

- 이 책은 『만만한 집밥 레시피 162』의 개정판입니다.
- **BM** 황금부엉이는 ㈜첨단의 단행본 출판 브랜드입니다.
- 값은 뒤표지에 있습니다. 잘못된 책은 구입하신 서점에서 바꾸어 드립니다.
- 이 책은 신저작권법에 의거해 한국 내에서 보호를 받는 저작물이므로 무단 전재 및 복제를 금합니다.

황금부엉이에서 출간하고 싶은 원고가 있으신가요? 생각해보신 책의 제목(가제), 내용에 대한 소개, 간단한 자기소개, 연락처를 book@goldenowl.co.kr 메일로 보내주세요. 집필하신 원고가 있다면 원고의 일부 또는 전체를 함께 보내주시면 더욱 좋습니다. 책의 집필이 아닌 기획안을 제안해주셔도 좋습니다. 보내주신 분이 저 자신이라는 마음으로 정성을 다해 검토하겠습니다.